〔先秦〕佚名著

山海經

廣陵書社
中國・揚州

圖書在版編目（CIP）數據

山海經 /（先秦）佚名著. -- 揚州 : 廣陵書社,
2023.3
（國學經典叢書）
ISBN 978-7-5554-2044-6

Ⅰ. ①山… Ⅱ. ①佚… Ⅲ. ①歷史地理－中國－古代
Ⅳ. ①K928.626

中國國家版本館CIP數據核字(2023)第030926號

書　　名　山海經
著　　者　〔先秦〕佚　名
責任編輯　白星飛
出 版 人　曾學文
裝幀設計　鴻儒文軒

出版發行　廣陵書社
揚州市四望亭路 2-4 號　　郵編：225001
（0514）85228081（總編辦）　85228088（發行部）
http://www.yzglpub.com　　E-mail：yzglss@163.com
印　　刷　三河市華東印刷有限公司

開　　本　880 毫米 ×1230 毫米　1/32
印　　張　10.25
字　　數　136 千字
版　　次　2023 年 3 月第 1 版
印　　次　2023 年 3 月第 1 次印刷
標準書號　ISBN 978-7-5554-2044-6
定　　價　58.00 圓

編輯説明

自上世紀九十年代始，我社陸續編輯出版一套綫裝本中華傳統文化普及讀物，名爲《文華叢書》。編者孜孜矻矻，兀兀窮年，歷經二十載，聚爲上百種，集腋成裘，蔚爲可觀。叢書以内容經典、形式古雅、編校精審，深受讀者歡迎，不少品種已不斷重印，常銷常新。

國學經典，百讀不厭，其中蘊含的生活情趣、生命哲理、人生智慧，以及家國情懷、歷史經驗、宇宙真諦，令人回味無窮，啓迪至深。爲了方便讀者閱讀國學原典，更廣泛地普及傳統文化，特于《文華叢書》基礎上，重加編輯，推出《國學經典叢書》。

本叢書甄選國學之基本典籍，萃精華于一編。以内容言，所選均爲家喻户曉的經典名著，涵蓋經史子集，包羅詩詞文賦、小品蒙書，琳琅滿目；以篇幅言，每種規模不大，或數種彙于一書，便于誦讀；以形式言，採用傳統版式，字大文簡，讀來令人賞心悦目；以編輯言，力求精擇良善版本，細加校勘，注重精讀原文，偶作簡明小注，或酌配古典版畫，體現編輯的匠心。

當下國學典籍的出版方興未艾，品質參差不齊。希望這套我社經年打造的品牌叢書，能爲讀者朋友閱讀經典提供真正的精善讀本。

廣陵書社編輯部

二〇二三年三月

出版説明

《山海經》全書分《山經》和《海經》兩部分，被公認爲中國古代的一部奇書。其成書年代和作者，歷來衆説紛紜。西漢劉歆稱其『出于唐虞之際』，爲禹、益所作。現代學者一般認爲，《山海經》的成書約在戰國初期，後經秦漢人修訂。西漢末年，劉歆將原來流傳的三十二篇《山海經》，整理校定爲十八篇，這兩種本子現已失傳。三百年後，東晉郭璞校注《山海經》，使之重新流傳于世。

《山海經》的名稱最早見録于《史記·大宛列傳》。關于《山海經》究竟屬于什麽性質的書，歸于何種門類，一直是學界争論的話題。班固在《漢書·藝文志》中，把《山海經》列爲『數術略形法類』，認爲此書是『大舉九州之勢』而求其『貴賤吉凶』。東漢以後，不少人認爲它是一部實用的地理書，源于東漢明帝召王景，『賜景《山海經》《河渠書》《禹貢圖》』（見《後漢書·王景傳》）。《隋書·經籍志》《舊唐書·經籍志》《新唐書·藝文志》均將其列入『地理類』。清代紀昀等編纂《四庫全書》，《山海經》又被列入『子部小説家類異聞之屬』。而魯迅先生在《中國小説史略》中又認爲：『《山海經》……蓋古之巫書也。』現代大部分學者傾向于認爲它是一部古代地理類著作。

《山海經》有圖有文。清畢沅《山海經古今本篇目考》云：『《山海經》有古圖，有漢所傳圖，有梁張僧繇等圖。』東晉及其之前的古圖早已散失，我們今天所能見到的一幅幅怪獸人神，基本上是從明清時候流傳下來的。

《山海經》是中國古代文化典籍的珍品，書中記述的内容涉及地理、神話、宗教、民俗、醫藥、巫術等多個方面，是研究上古社會的重要文獻。

我社此次整理《山海經》，并將其列入『文華叢書』中。整理過程中，吸收了歷代諸家的成果，如清代畢沅的《山海經新校正》，郝懿行的《山海經箋疏》，汪紱的《山海經存》等。同時也參照了當代學者袁珂先生的《山海經校譯》。又從各家的版本中，精選了四百七十多幅插圖。我們希望能爲讀者提供一部具有一定閱讀、欣賞、收藏價值的《山海經》。

廣陵書社出版社

二〇二三年三月

目録

南山經

《南山經》之首曰䧿山。其首曰招搖之山，臨于西海之上，多桂，多金、玉。有草焉，其狀如韭而青華，其名曰祝餘，食之不飢。有木焉，其狀如穀而黑理，其華四照，其名曰迷穀，佩之不迷。有獸焉，其狀如禺而白耳，伏行人走，其名曰狌狌，食之善走。麗𪊨之水出焉，而西流注于海，其中多育沛，佩之無瑕疾。

又東三百里，曰堂庭之山，多棪木，多白猿，多水玉，多黃金。

又東三百八十里，曰猨翼之山，其中多怪獸，水多怪魚，多白玉，多蝮虫，多怪蛇，多怪木，不可以上。

怪蛇

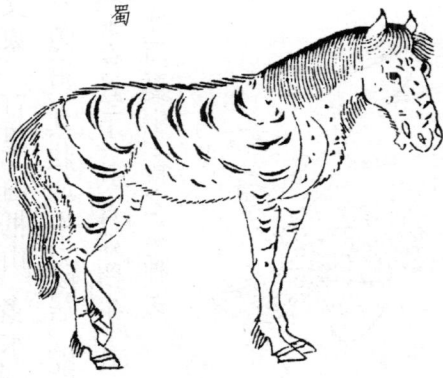

又東三百七十里，曰杻陽之山，其陽多赤金，其陰多白金。有獸焉，其狀如馬而白首，其文如虎而赤尾，其音如謡，其名曰鹿蜀，佩之宜子孫。

鹿蜀

怪水出焉，而東流注于憲翼之水。其中多玄龜，其狀如龜而鳥首虺尾，其名曰旋龜，其音如判木，佩之不聾，可以爲底。

旋龜

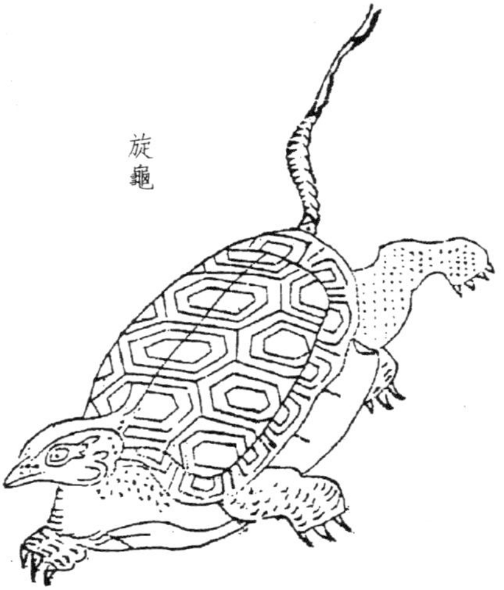

又東三百里，曰柢山，多水，無草木。有魚焉，其狀如牛，陵居，蛇尾有翼，其羽在魼下，其音如留牛，其名曰鯥，冬死而夏生，食之無腫疾。

鯥

又東四百里，曰亶爰之山，多水，無草木，不可以上。有獸焉，其狀如貍而有髦，其名曰類，自爲牝牡，食者不妒。

類

又東三百里，曰基山，其陽多玉，其陰多怪木。有獸焉，其狀如羊，九尾四耳，其目在背，其名曰猼訑，佩之

猼訑

不畏。有鳥焉，其狀如鷄而三首六目，
六足三翼，其名曰鵸鵌，食之無臥。

鵸鵌

又東三百里，曰青丘之山，其陽
多玉，其陰多青雘。有獸焉，其狀如
狐而九尾，其音如嬰兒，能食人，食者

九尾狐

不蠱。有鳥焉，其狀如鳩，其音若呵，名曰灌灌，佩之不惑。英水出焉，南

灌灌

流注于即翼之澤。其中多赤鱬，其狀如魚而人面，其音如鴛鴦，食之不疥。

赤鱬

又東三百五十里，曰箕尾之山，其尾踆于東海，多沙石。汸水出焉，而南流注于淯，其中多白玉。

凡䧿山之首，自招搖之山，以至箕尾之山，凡十山，二千九百五十里。其神狀皆鳥身而龍首，其祠之禮：毛用一璋玉瘞，糈用稌米，一璧，稻米，白菅爲席。

《南次二經》之首，曰柜山，西臨流黄，北望諸毗，東望長右。英水出焉，西南流注于赤水，其中多白玉，多丹粟。有獸焉，其狀如豚，有距，其音如狗吠，其名曰貍力，見則其縣多土

功。有鳥焉，其狀如鴟而人手，其音如痺，其名曰鴸，其名自號也。見則其縣多放士。

東南四百五十里，曰長右之山，無草木，多水。有獸焉，其狀如禺而四耳，其名長右，其音如吟，見則其郡縣大水。

又東三百四十里，曰堯光之山，其陽多玉，其陰多金。有獸焉，其狀如人而彘鬣，穴居而冬蟄，其名曰猾褢，其音如斲木，見則縣有大繇。

猾褢

又東三百五十里，曰羽山，其下多水，其上多雨，無草木，多蝮虫。

又東三百七十里，曰瞿父之山，無草木，多金、玉。

又東四百里，曰句餘之山，無草木，多金、玉。

又東五百里，曰浮玉之山，北望具區，東望諸毗。有獸焉，其狀如虎而牛尾，其音如吠犬，其名曰彘，是食人。苕水出于其陰，北流注于具區，其中多鮆魚。

彘

鮆魚

又東五百里，曰成山，四方而三壇，其上多金、玉，其下多青雘。閟水出焉，而南流注于虖勺，其中多黃金。

又東五百里，曰會稽之山，四方，其上多金、玉，其下多砆石。勺水出焉，而南流注于湨。

又東五百里，曰夷山，無草木，多沙石，湨水出焉，而南流注于列塗。

又東五百里，曰僕勾之山，其上多金、玉，其下多草木，無鳥獸，無水。

又東五百里，曰咸陰之山，無草木，無水。

又東四百里，曰洵山，其陽多金，其陰多玉。有獸焉，其狀如羊而無口，不可殺也，其名曰䍺。洵水出焉，而南流注于閼之澤，其中多芘蠃。

䍺

又東四百里，曰虖勺之山，其上多梓、枏，其下多荊、杞。滂水出焉，而東流注于海。

又東五百里，曰區吴之山，無草木，多沙石。鹿水出焉，而南流注于滂水。

又東五百里，曰鹿吴之山，上無草木，多金石。澤更之水出焉，而南流注于滂水。有獸焉，名曰蠱雕，其狀如雕而有角，其音如嬰兒之音，是食人。

蠱雕

東五百里，曰漆吴之山，無草木，多博石，無玉。處于海，東望丘山，其光載出載入，是惟日次。

凡《南次二經》之首，自柜山至于漆吴之山，凡十七山，七千二百里。其神狀皆龍身而鳥首。其祠：毛用一璧瘞，糈用稌。

龍身鳥首神

《南次三經》之首，曰天虞之山，其下多水，不可以上。

東五百里，曰禱過之山，其上多金、玉，其下多犀、兕，多象。有鳥焉，

犀

兕

象

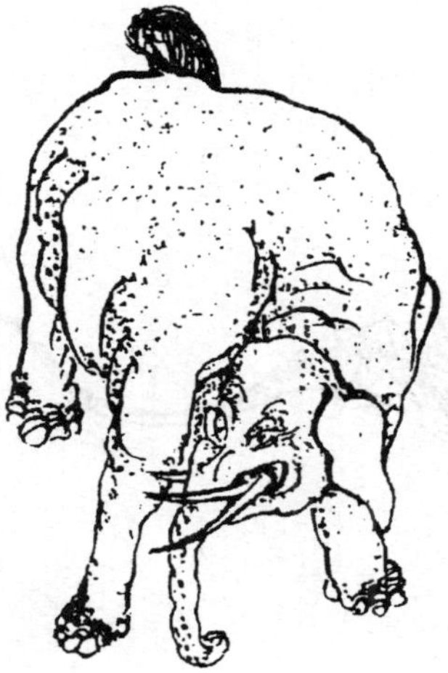

其狀如鵁而白首、三足、人面，其名曰瞿如，其鳴自號也。泿水出焉，而南流注于海。其中有虎蛟，其狀魚身而蛇尾，其音如鴛鴦，食者不腫，可以已痔。

瞿如

虎蛟

又東五百里，曰丹穴之山，其上多金、玉。丹水出焉，而南流注于渤海。有鳥焉，其狀如鷄，五采而文，名曰鳳皇，首文曰德，翼文曰義，背文曰禮，膺文曰仁，腹文曰信。是鳥也，飲食自然，自歌自舞，見則天下安寧。

鳳皇

又東五百里，曰發爽之山，無草木，多水，多白猿。汎水出焉，而南流注于渤海。

又東四百里，至于旄山之尾，其南有谷，曰育遺，多怪鳥，凱風自是出。

又東四百里，至于非山之首，其上多金、玉，無水，其下多蝮虫。

又東五百里，曰陽夾之山，無草木，多水。

又東五百里，曰灌湘之山，上多木，無草；多怪鳥，無獸。

又東五百里，曰雞山，其上多金，其下多丹雘。黑水出焉，而南流注于海。其中有鱄魚，其狀如鮒而彘毛，其音如豚，見則天下大旱。

鱄魚

又東四百里，曰令丘之山，無草木，多火。其南有谷焉，曰中谷，條風自是出。有鳥焉，其狀如梟，人面四目而有耳，其名曰顒，其鳴自號也，見則天下大旱。

顒

又東三百七十里，曰侖者之山，其上多金、玉，其下多青雘。有木焉，其狀如穀而赤理，其汁如漆，其味如飴，食者不飢，可以釋勞，其名曰白蓇，可以血玉。

又東五百八十里，曰禺槀之山，多怪獸，多大蛇。

又東五百八十里，曰南禺之山，其上多金、玉，其下多水。有穴焉，水春輒入，夏乃出，冬則閉。佐水出焉，而東南流注于海，有鳳皇、鵷鶵。

凡《南次三經》之首，自天虞之山以至南禺之山，凡一十四山，六千五百三十里。其神皆龍身而人面。其祠皆一白狗祈，糈用稌。

龍身人面神

右南經之山，大小凡四十山，萬六千三百八十里。

西山經

《西山經》華山之首，曰錢來之山，其上多松，其下多洗石。有獸焉，其狀如羊而馬尾，名曰羬羊，其脂可以已腊。

羬羊

西四十五里，曰松果之山。濩水出焉，北流注于渭，其中多銅。有鳥焉，其名曰螐渠，其狀如山鷄，黑身赤足，可以已曝。

螐渠

又西六十里，曰太華之山，削成而四方，其高五千仞，其廣十里，鳥獸莫居。有蛇焉，名曰肥遺，六足四翼，見則天下大旱。

肥遺

又西八十里，曰小華之山，其木多荊、杞，其獸多㸲牛，其陰多磬石，

㸲牛

其陽多瑤琈之玉，鳥多赤鷩，可以禦火，其草有萆荔，狀如烏韭，而生于石上，亦緣木而生，食之已心痛。

赤鷩

又西八十里，曰符禺之山，其陽多銅，其陰多鐵。其上有木焉，名曰文莖，其實如棗，可以已聾。其草多條，其狀如葵，而赤華黃實，如嬰兒舌，食之使人不惑。符禺之水出焉，而北流注于渭，其獸多蔥聾，其狀如羊而赤鬣。其鳥多鴖，其狀如翠而赤喙，可以禦火。

蔥聾

鴰

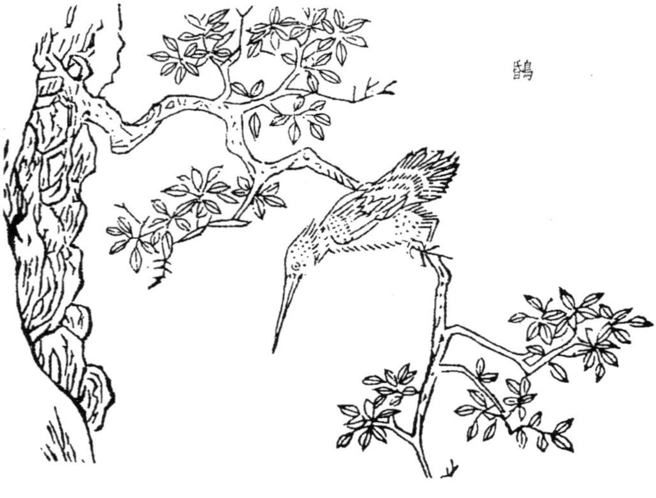

又西六十里，曰石脆之山，其木多棕、枏，其草多條，其狀如韭，而白華黑實，食之已疥。其陽多瑤琈之玉，其陰多銅。灌水出焉，而北流注于禺水。其中有流赭，以塗牛馬無病。

又西七十里，曰英山，其上多杻、橿，其陰多鐵，其陽多赤金。禺水出焉，北流注于招水，其中多鮭魚，其狀如鼈，其音如羊。其陽多箭、䉋。其

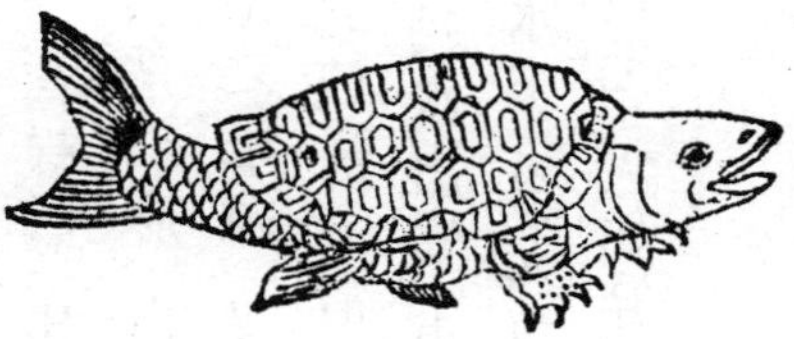

鮭魚

獸多㸲牛、羬羊。有鳥焉，其狀如鶉，黃身而赤喙，其名曰肥遺，食之已癘，可以殺蟲。

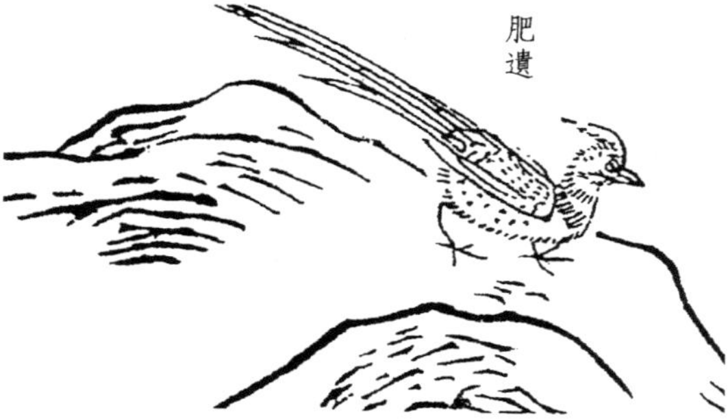

又西五十二里，曰竹山，其上多喬木，其陰多鐵。有草焉，其名曰黃雚，其狀如樗，其葉如麻，白華而赤實，其狀如赭，浴之已疥，又可以已胕。竹水出焉，北流注于渭，其陽多竹、箭，多蒼玉。丹水出焉，東南流注于洛水，其中多水玉，多人魚。有獸焉，其狀如豚而白毛，大如笄而黑端，名曰豪彘。

人魚

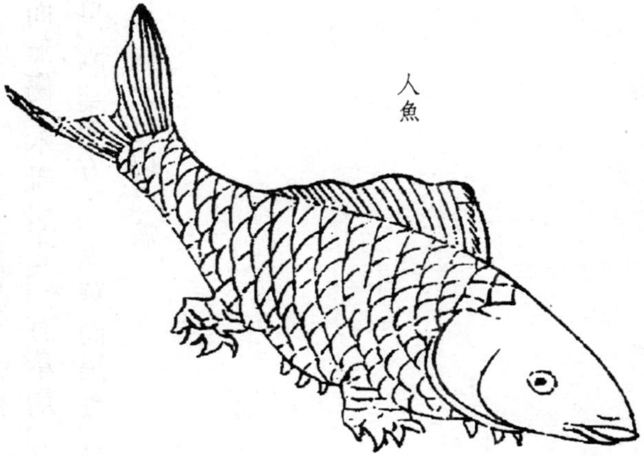

豪彘

又西百二十里，曰浮山，多盼木，枳葉而無傷，木蟲居之。有草焉，名曰薰草，麻葉而方莖，赤華而黑實，臭如蘼蕪，佩之可以已癘。

又西七十里，曰羭次之山，漆水出焉，北流注于渭。其上多棫、橿，其下多竹、箭，其陰多赤銅，其陽多嬰垣之玉。有獸焉，其狀如禺而長臂，善投，其名曰囂。有鳥焉，其狀如梟，人

囂

面而一足，曰橐𩇯，冬見夏蟄，服之不畏雷。

橐𩇯

又西百五十里，曰時山，無草木。逐水出焉，北流注于渭，其中多水玉。

又西百七十里，曰南山，上多丹粟，丹水出焉，北流注于渭。獸多猛豹，鳥多尸鳩。

猛豹

又西百八十里，曰大時之山，上多穀、柞，下多杻、橿，陰多銀，陽多白玉。涔水出焉，北流注于渭，清水出焉，南流注于漢水。

熊

又西三百二十里，曰嶓冢之山，漢水出焉，而東南流注于沔；囂水出焉，北流注于湯水。其上多桃枝、鉤端，獸多犀、兕、熊、羆，鳥多白翰、赤鶩。有草焉，其葉如蕙，其本如桔梗，黑華而不實，名曰蓇蓉，食之使人無子。

羆

白翰

又西三百五十里，曰天帝之山，上多椶、枏，下多菅、蕙。有獸焉，其狀如狗，名曰谿邊，席其皮者不蠱。

谿邊

有鳥焉，其狀如鶉，黑文而赤翁，名曰櫟，食之已痔。有草焉，其狀如葵，其臭如蘼蕪，名曰杜衡，可以走馬，食之已癭。

櫟

西南三百八十里，曰皋塗之山。薔水出焉，西流注于諸資之水；塗水出焉，南流注于集獲之水。其陽多丹粟，其陰多銀、黃金，其上多桂木。有白石焉，其名曰礜，可以毒鼠。有草焉，其狀如槀茇，其葉如葵而赤背，名曰無條，可以毒鼠。有獸焉，其狀如鹿而白尾，馬足人手而四角，名曰玃如。有鳥焉，其狀如鴟而人足，名曰數斯，食之已癭。

數斯

又西百八十里，曰黃山，無草木，多竹、箭。盼水出焉，西流注于赤水，其中多玉。有獸焉，其狀如牛，而蒼

㹌

黑大目，其名曰犖。有鳥焉，其狀如鴞，青羽赤喙，人舌能言，名曰鸚䳇。

鸚䳇

又西二百里，曰翠山，其上多椶、枏，其下多竹、箭，其陽多黃金、玉，其陰多旄牛、麢、麝。其鳥多鸓，其狀如鵲，赤黑而兩首四足，可以禦火。

旄牛

麝

麢

鸓

又西二百五十里，曰騩山，是錞于西海，無草木，多玉。淒水出焉，西流注于海，其中多采石、黃金，多丹粟。

凡《西經》之首，自錢來之山至于騩山，凡十九山，二千九百五十七里。華山冢也，其祠之禮：太牢。羭

羭山神

山神也，祠之用燭，齋百日以百犧，瘞用百瑜，湯其酒百樽，嬰以百珪百璧。其餘十七山之屬，皆毛牷用一羊祠之。燭者，百草之未灰。白蓆采等純之。

《西次二經》之首，曰鈐山，其上多銅，其下多玉，其木多杻、橿。

西二百里，曰泰冒之山，其陽多金，其陰多鐵。浴水出焉，東流注于河，其中多藻玉，多白蛇。

又西一百七十里，曰數歷之山，其上多黃金，其下多銀，其木多杻、橿，其鳥多鸚䳇。楚水出焉，而南流注于渭，其中多白珠。

又西百五十里，曰高山，其上多銀，其下多青碧、雄黃，其木多椶，其草多竹。涇水出焉，而東流注于渭，其中多磬石、青碧。

西南三百里，曰女牀之山。其陽多赤銅，其陰多石涅，其獸多虎、豹、犀、兕。有鳥焉，其狀如翟而五采文，名曰鸞鳥，見則天下安寧。

鸞鳥

又西二百里，曰龍首之山，其陽多黃金，其陰多鐵。苕水出焉，東南流注于涇水，其中多美玉。

又西二百里，曰鹿臺之山，其上多白玉，其下多銀，其獸多㸲牛、羬羊、白豪。有鳥焉，其狀如雄鷄而人面，名曰鳧徯，其鳴自叫也，見則有兵。

鳧徯

西南二百里，曰鳥危之山，其陽多磬石，其陰多檀、楮，其中多女牀。鳥危之水出焉，西流注于赤水，其中多丹粟。

又西四百里，曰小次之山，其上多白玉，其下多赤銅。有獸焉，其狀如猿，而白首赤足，名曰朱厭，見則大兵。

朱厭

又西三百里，曰大次之山，其陽多堊，其陰多碧，其獸多㸲牛、麢羊。

又西四百里，曰薰吴之山，無草木，多金、玉。

又西四百里，曰底陽之山，其木多櫻、枏、豫章，其獸多犀、兕、虎、豹、㸲牛。

虎

豹

又西二百五十里，曰衆獸之山，其上多瑶琈之玉，其下多檀、楮，多黄金，其獸多犀、兕。

又西五百里，曰皇人之山，其上多金、玉，其下多青雄黄。皇水出焉，西流注于赤水，其中多丹粟。

又西三百里，曰中皇之山，其上多黄金，其下多蕙、棠。

又西三百五十里，曰西皇之山，其陽多金，其陰多鐵，其獸多麋、鹿、牸牛。

麇

鹿

又西三百五十里，曰萊山，其木多檀、楮，其鳥多羅羅，是食人。

凡《西次二經》之首，自鈐山至于萊山，凡十七山，四千一百四十里。其十神者，皆人面而馬身。其七神皆

人面馬身神

人面牛身，四足而一臂，操杖以行，是爲飛獸之神。其祠之，毛用少牢，白菅爲席。其十輩神者，其祠之，毛一雄鷄，鈐而不糈，毛采。

人面牛身神

《西次三經》之首，曰崇吾之山，在河之南，北望冢遂，南望䍃之澤，西望帝之搏獸之丘，東望蠕淵。有木焉，員葉而白柎，赤華而黑理，其實如枳，食之宜子孫。有獸焉，其狀如禺而文臂，豹虎而善投，名曰舉父。有鳥焉，其狀如梟，而一翼一目，相得乃飛，名曰蠻蠻，見則天下大水。

舉父

蠻蠻

西北三百里，曰長沙之山。泚水出焉，北流注于泑水，無草木，多青雄黃。

又西北三百七十里，曰不周之山。北望諸𣬈之山，臨彼嶽崇之山，東望泑澤，河水所潛也，其原渾渾泡泡。爰有嘉果，其實如桃，其葉如棗，黃華而赤柎，食之不勞。

又西北四百二十里，曰峚山，其上多丹木，員葉而赤莖，黃華而赤實，其味如飴，食之不飢。丹水出焉，西流注于稷澤，其中多白玉，是有玉膏，其原沸沸湯湯，黃帝是食是饗。是生玄玉。玉膏所出，以灌丹木。丹木五歲，五色乃清，五味乃馨。黃帝乃取峚山之玉榮，而投之鍾山之陽。瑾瑜之玉爲良，堅粟精密，濁澤有而光。五色發作，以和柔剛。天地鬼神，是食是饗；君子服之，以禦不祥。自峚山至于鍾山，四百六十里，其間盡澤也。是多奇鳥、怪獸、奇魚，皆異物焉。

又西北四百二十里，曰鍾山，其子曰鼓，其狀如人面而龍身，是與欽

鼓

鴀殺葆江于昆侖之陽，帝乃戮之鍾山之東，曰嶓崖，欽鴀化爲大鶚，其狀如

欽鴀

雕，而黑文白首，赤喙而虎爪，其音如晨鵠，見則有大兵。鼓亦化爲鵕鳥，其狀如鴟，赤足而直喙，黃文而白首，其音如鵠，見則其邑大旱。

鵕鳥

又西百八十里，曰泰器之山。觀水出焉，西流注于流沙。是多文鰩魚，狀如鯉魚，魚身而鳥翼，蒼文而白首赤喙，常行西海，遊于東海，以夜飛。其音如鸞鷄，其味酸甘，食之已狂，見

文鰩魚

則天下大穰。

又西三百二十里，曰槐江之山。丘時之水出焉，而北流注于泑水。其中多蠃母，其上多青雄黄，多藏琅玕、

蠃母

黄金、玉，其陽多丹粟，其陰多采黄金、銀。實惟帝之平圃，神英招司之，其狀馬身而人面，虎文而鳥翼，徇于四海，其音如榴。南望昆侖，其光熊熊，其氣魂魂。西望大澤，后稷所潛

英招

也，其中多玉，其陰多榣木之有若。北望諸毗，槐鬼離侖居之，鷹、鸇之所宅也。東望恒山四成，有窮鬼居之，各在一搏。爰有瑶水，其清洛洛。有天神焉，其狀如牛，而八足二首馬尾，其音如勃皇，見則其邑有兵。

西南四百里，曰昆侖之丘，是實惟帝之下都，神陸吾司之。其神狀虎

陸吾

身而九尾，人面而虎爪，是神也，司天之九部及帝之囿時。有獸焉，其狀如羊而四角，名曰土螻，是食人。有鳥

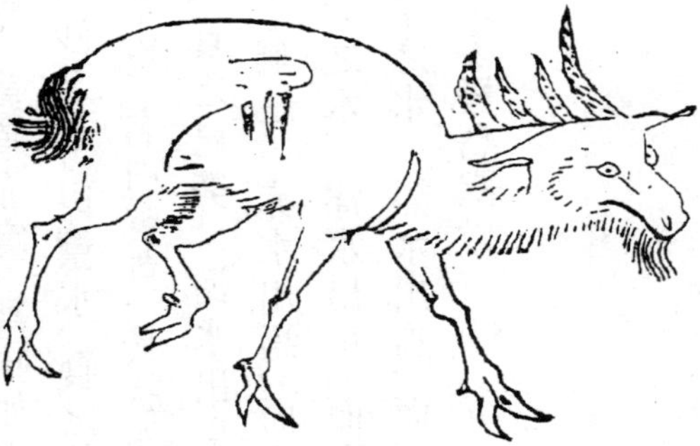
土螻

焉，其狀如蠭，大如鴛鴦，名曰欽原，蠚鳥獸則死，蠚木則枯。有鳥焉，其名曰鶉鳥，是司帝之百服。有木焉，

欽原

其狀如棠，黄華赤實，其味如李而無核，名曰沙棠，可以禦水，食之使人不溺。有草焉，名曰蘋草，其狀如葵，其味如葱，食之已勞。河水出焉，而南流東注于無達。赤水出焉，而東南流注于氾天之水。洋水出焉，而西南流注于醜塗之水。黑水出焉，而西流于大杅。是多怪鳥獸。

又西三百七十里，曰樂游之山。桃水出焉，西流注于稷澤，是多白玉。其中多鯖魚，其狀如蛇而四足，是食魚。

西水行四百里，曰流沙，二百里至于嬴母之山，神長乘司之，是天之九德也。其神狀如人而犳尾。其上多玉，其下多青石而無水。

又西三百五十里，曰玉山，是西王母所居也。西王母其狀如人，豹尾虎齒而善嘯，蓬髮戴勝，是司天之厲及五殘。有獸焉，其狀如犬而豹文，

其角如牛，其名曰狡，其音如吠犬，見則其國大穰。有鳥焉，其狀如翟而赤，

名曰勝遇，是食魚，其音如録，見則其國大水。

又西四百八十里，曰軒轅之丘，無草木。洵水出焉，南流注于黑水，其中多丹粟，多青雄黄。

又西三百里，曰積石之山，其下有石門，河水冒以西流。是山也，萬物無不有焉。

又西二百里，曰長留之山，其神白帝少昊居之。其獸皆文尾，其鳥皆文首。是多文玉石。實惟員神磈氏之宮。是神也，主司反景。

神磈氏

又西二百八十里，曰章莪之山，無草木，多瑤、碧，所爲甚怪。有獸焉，其狀如赤豹，五尾一角，其音如擊石，其名曰猙。有鳥焉，其狀如鶴，一足，

猙

赤文青質而白喙，名曰畢方，其鳴自叫也，見則其邑有譌火。

又西三百里，曰陰山。濁浴之水出焉，而南流注于蕃澤，其中多文貝。有獸焉，其狀如貍而白首，名曰天狗，其音如榴榴，可以禦凶。

又西二百里，曰符惕之山，其上多棪、柟，下多金、玉，神江疑居之。是山也，多怪雨，風雲之所出也。

江疑

又西二百二十里，曰三危之山，三青鳥居之。是山也，廣員百里。其

三青鳥

上有獸焉，其狀如牛，白身四角，其豪如披蓑，其名曰傲徆，是食人。有鳥焉，一首而三身，其狀如鶹，其名曰鴟。

傲徆

鴟

又西一百九十里，曰騩山，其上多玉而無石。神耆童居之，其音常如鍾磬。其下多積蛇。

耆童

又西三百五十里，曰天山，多金、玉，有青雄黃。英水出焉，而西南流注于湯谷。有神焉，其狀如黃囊，赤如丹火，六足四翼，渾敦無面目，是識歌舞，實惟帝江也。

帝江

又西二百九十里，曰泑山，神蓐收居之。其上多嬰短之玉，其陽多瑾瑜之玉，其陰多青雄黃。是山也，西望日之所入，其氣員，神紅光之所司也。

西水行百里，至于翼望之山，無草木，多金、玉。有獸焉，其狀如貍，一目而三尾，名曰讙，其音如奪百聲，是可以禦凶，服之已癉。有鳥焉，其

狀如烏，三首六尾而善笑，名曰鵸鵌，服之使人不厭，又可以禦凶。

鵸鵌

凡《西次三經》之首，崇吾之山至于翼望之山，凡二十三山，六千七百四十四里。其神狀皆羊身人面，其祠之禮，用一吉玉瘞，糈用稷米。

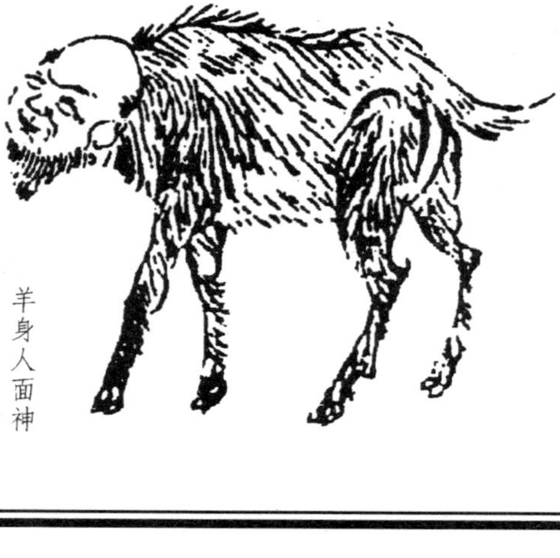

羊身人面神

《西次四經》之首曰陰山，上多穀，無石，其草多茆、蕃。陰水出焉，西流注于洛。

北五十里，曰勞山，多茈草。弱水出焉，而西流注于洛。

西五十里，曰罷父之山。洱水出焉，而西流注于洛，其中多茈、碧。

北百七十里，曰申山，其上多穀、柞，其下多杻、橿，其陽多金、玉。區水出焉，而東流注于河。

北二百里，曰鳥山，其上多桑，其下多楮，其陰多鐵，其陽多玉。辱水出焉，而東流注于河。

又北百二十里，曰上申之山，上無草木，而多硌石，下多榛、楛，獸多白鹿。其鳥多當扈，其狀如雉，以其

白鹿

髯飛，食之不眴目。湯水出焉，東流注于河。

當扈

又北百八十里，曰諸次之山，諸次之水出焉，而東流注于河。是山也，多木無草，鳥獸莫居，是多衆蛇。

又北百八十里，曰號山，其木多漆、椶，其草多葯、虈、芎藭。多汵石。端水出焉，而東流注于河。

又北二百二十里，曰孟山，其陰多鐵，其陽多銅，其獸多白狼、白虎，其鳥多白雉、白翟。生水出焉，而東流注于河。

白狼

白虎

西二百五十里，曰白於之山，上多松、柏，下多櫟、檀，其獸多㸲牛、羬羊，其鳥多鴞。洛水出于其陽，而東流注于渭；夾水出于其陰，東流注于生水。

鴞

西北三百里，曰申首之山，無草木，冬夏有雪。申水出于其上，潛于其下，是多白玉。

又西五十五里，曰涇谷之山。涇水出焉，東南流注于渭，是多白金、白玉。

又西百二十里，曰剛山，多柒木，多㻬琈之玉。剛水出焉，北流注于渭。是多神䰠，其狀人面獸身，一足一手，其音如欽。

神䰠

又西二百里，至剛山之尾，洛水出焉，而北流注于河。其中多蠻蠻，其狀鼠身而鼈首，其音如吠犬。

蠻蠻

又西三百五十里，曰英鞮之山，上多漆木，下多金、玉。鳥獸盡白。涴水出焉，而北流注于陵羊之澤。是多冉遺之魚，魚身蛇首六足，其目如馬耳，食之使人不眯，可以禦凶。

冉遺魚

又西三百里，曰中曲之山，其陽多玉，其陰多雄黄、白玉及金。有獸焉，其狀如馬而白身黑尾，一角，虎牙爪，音如鼓音，其名曰駮，是食虎豹，可以禦兵。有木焉，其狀如棠，而員葉赤實，實大如木瓜，名曰櫰木，食之多力。

駮

又西二百六十里，曰邽山。其上有獸焉，其狀如牛，蝟毛，名曰窮奇，音如獆狗，是食人。濛水出焉，南流注于洋水，其中多黃貝，蠃魚，魚身而鳥翼，音如鴛鴦，見則其邑大水。

窮奇

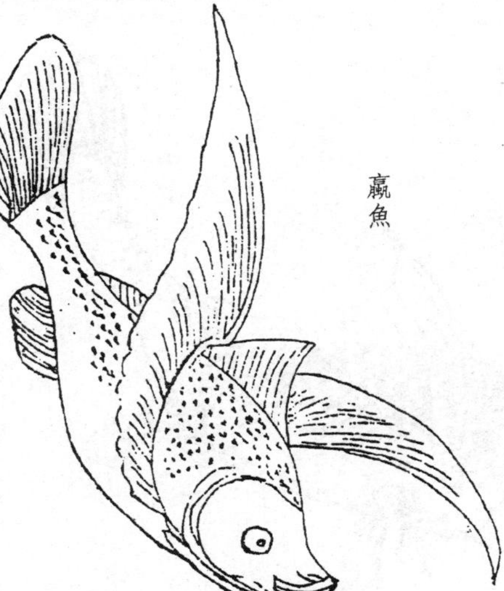

蠃魚

又西二百二十里，曰鳥鼠同穴之山，其上多白虎、白玉。渭水出焉，而

鳥鼠同穴

東流注于河。其中多鰠魚，其狀如鱣魚，動則其邑有大兵。濫水出于其西，

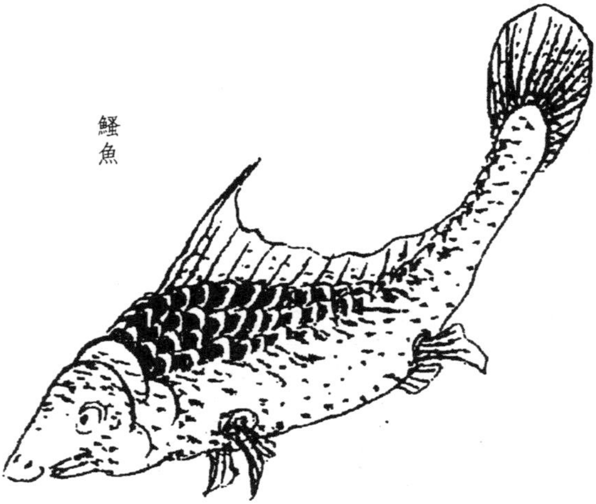

鰠魚

西流注于漢水。多鴽魮之魚，其狀如覆銚，鳥首而魚翼魚尾，音如磬石之聲，是生珠玉。

鴽魮魚

西南三百六十里，曰崦嵫之山，其上多丹木，其葉如穀，其實大如瓜，赤符而黑理，食之已癉，可以禦火。其陽多龜，其陰多玉。苕水出焉，而西流注于海，其中多砥、礪。有獸焉，其狀馬身而鳥翼，人面蛇尾，是好舉

孰湖

人，名曰孰湖。有鳥焉，其狀如鴞而人面，蜼身犬尾，其名自號也，見則其邑大旱。

人面鴞

凡《西次四經》自陰山以下，至于崦嵫之山，凡十九山，三千六百八十里。其神祠禮，皆用一白鷄祈。糈以稻米，白菅爲席。

右西經之山，凡七十七山，一萬七千五百一十七里。

北山經

《北山經》之首，曰單狐之山，多机木，其上多華草。逢水出焉，而西流注于泑水，其中多芘石、文石。

又北二百五十里，曰求如之山，其上多銅，其下多玉，無草木。滑水出焉，而西流注于諸毗之水。其中多

滑魚

滑魚，其狀如鱓，赤背，其音如梧，食之已疣。其中多水馬，其狀如馬，文臂牛尾，其音如呼。

水馬

又北三百里，曰帶山，其上多玉，其下多青碧。有獸焉，其狀如馬，一角有錯，其名曰䑏疏，可以辟火。有

䑏疏

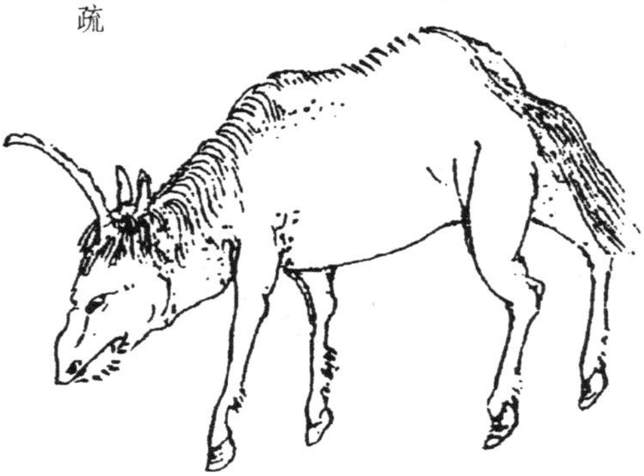

鳥焉，其狀如烏，五采而赤文，名曰鵸鵌，是自爲牝牡，食之不疽。彭水出焉，而西流注于芘湖之水，其中多儵

鵸鵌

魚，其狀如鷄而赤毛，三尾、六足、四首，其音如鵲，食之可以已憂。

儵魚

又北四百里，曰譙明之山，譙水出焉，西流注于河。其中多何羅之魚，一首而十身，其音如吠犬，食之已癰。

何羅魚

有獸焉，其狀如貆而赤豪，其音如榴榴，名曰孟槐，可以禦凶。是山也，無草木，多青雄黄。

孟槐

又北三百五十里，曰涿光之山，囂水出焉，而西流注于河。其中多鰼鰼之魚，其狀如鵲而十翼，鱗皆在羽端，其音如鵲，可以禦火，食之不癉。其上多松、柏，其下多椶、橿，其獸多麢羊，其鳥多蕃。

鰼鰼魚

又北三百八十里，曰虢山，其上多漆，其下多桐、椐，其陽多玉，其陰多鐵。伊水出焉，西流注于河。其獸多橐駝，其鳥多寓。狀如鼠而鳥翼，其音如羊，可以禦兵。

橐駝

寓

又北四百里，至于虢山之尾，其上多玉而無石。魚水出焉，西流注于河，其中多文貝。

又北二百里，曰丹熏之山，其上多樗、柏，其草多韭、䪥，多丹雘。熏水出焉，而西流注于棠水。有獸焉，其狀如鼠，而菟首麋身，其音如獆犬，以其尾飛，名曰耳鼠，食之不䐈，又可以禦百毒。

耳鼠

又北二百八十里，曰石者之山，其上無草木，多瑤、碧。泚水出焉，西流注于河。有獸焉，其狀如豹，而文題白身，名曰孟極，是善伏，其鳴自呼。

孟極

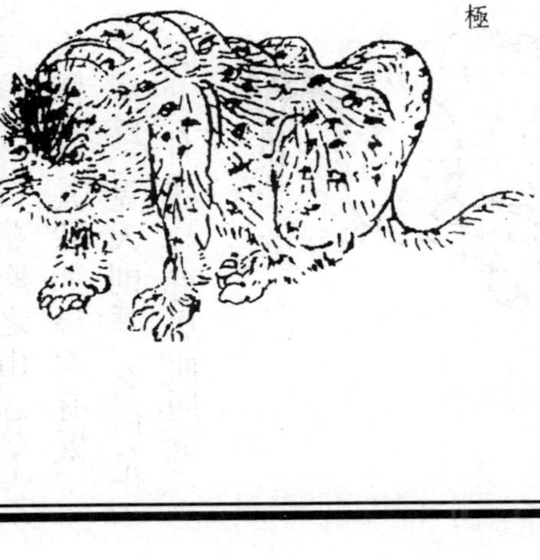

又北百一十里，曰邊春之山。多蔥、葵、韭、桃、李。杠水出焉，而西流注于泑澤。有獸焉，其狀如禺而文身，善笑，見人則卧，名曰幽鴳，其鳴自呼。

幽頞

又北二百里，曰蔓聯之山，其上無草木。有獸焉，其狀如禺而有鬣，牛尾、文臂、馬蹄，見人則呼，名曰足訾，其鳴自呼。有鳥焉，群居而朋飛。

足訾

其毛如雌雉，名曰鵺，其鳴自呼，食之已風。

鵺

又北百八十里，曰單張之山，其上無草木。有獸焉，其狀如豹而長尾，人首而牛耳，一目，名曰諸犍，善吒，

諸犍

行則銜其尾，居則蟠其尾。有鳥焉，其狀如雉，而文首、白翼、黄足，名曰白鵺，食之已嗌痛，可以已痸。櫟水出焉，而南流注于杠水。

白鵺

又北三百二十里，曰灌題之山，其上多樗、柘，其下多流沙，多砥。有獸焉，其狀如牛而白尾，其音如訆，名曰那父。有鳥焉，其狀如雌雉而人面，

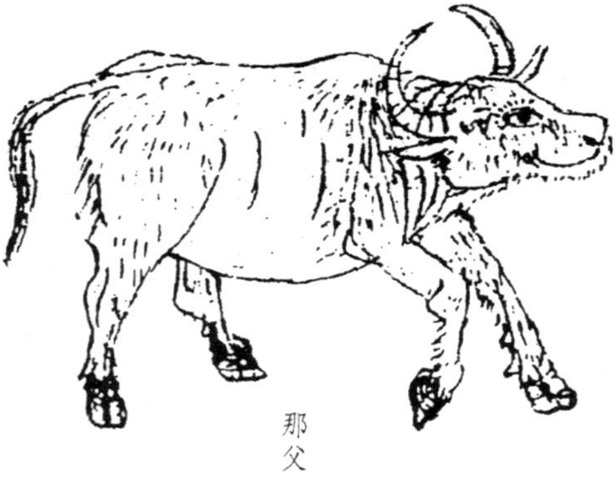

那父

見人則躍，名曰竦斯，其鳴自呼也。匠韓之水出焉，而西流注于泑澤，其中多磁石。

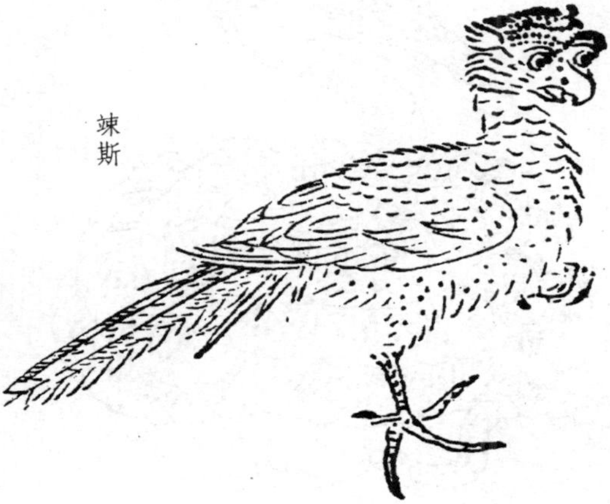

竦斯

又北二百里，曰潘侯之山，其上多松、柏，其下多榛、楛，其陽多玉，其陰多鐵。有獸焉，其狀如牛，而四節生毛，名曰旄牛。邊水出焉，而南流注于櫟澤。

又北二百三十里，曰小咸之山，無草木，冬夏有雪。

北二百八十里，曰大咸之山，無草木，其下多玉。是山也，四方，不可以上。有蛇名曰長蛇，其毛如彘豪，其音如鼓柝。

又北三百二十里，曰敦薨之山，其上多椶、枏，其下多茈草。敦薨之水出焉，而西流注于泑澤，出于昆侖之東北隅，實惟河原。其中多赤鮭，其獸多兕、旄牛，其鳥多尸鳩。

長蛇

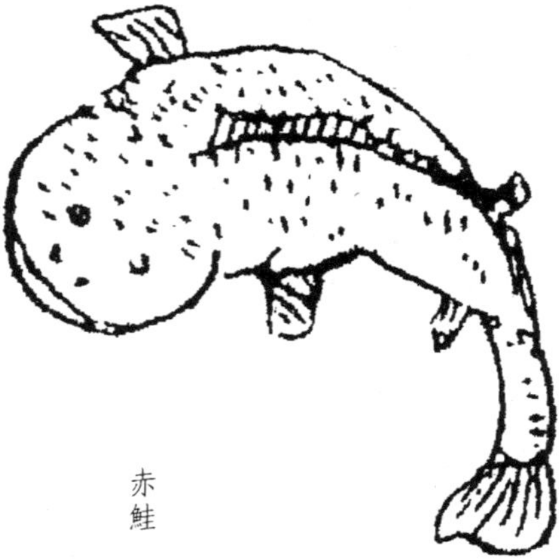
赤鮭

又北二百里，曰少咸之山，無草木，多青碧。有獸焉，其狀如牛，而赤身、人面、馬足，名曰窫窳，其音如嬰兒，是食人。敦水出焉，東流注于雁門之水，其中多䱱䱱之魚，食之殺人。

窫窳

又北二百里，曰獄法之山。瀤澤之水出焉，而東北流注于泰澤。其中多鱳魚，其狀如鯉而鷄足，食之已疣。

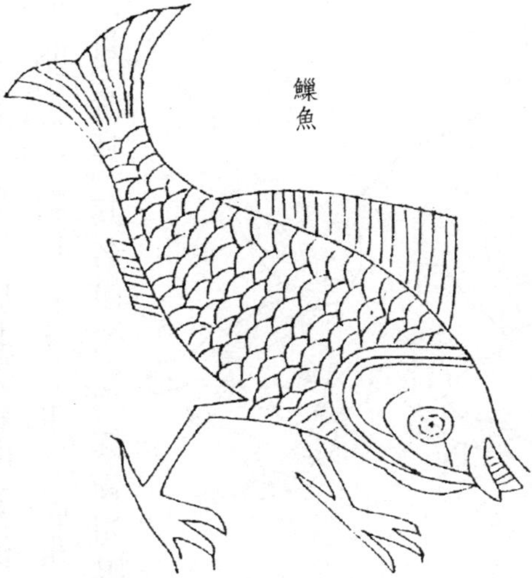

鱳魚

有獸焉，其狀如犬而人面，善投，見人則笑，其名山𤟤，其行如風，見則天下大風。

山𤟤

又北二百里，曰北嶽之山，多枳、棘、剛木。有獸焉，其狀如牛，而四角、人目、彘耳，其名曰諸懷，其音如鳴

諸懷

雁，是食人。諸懷之水出焉，而西流注于囂水，其中多鮨魚，魚身而犬首，其音如嬰兒，食之已狂。

鮨魚

又北百八十里，曰渾夕之山，無草木，多銅玉。囂水出焉，而西北流注于海。有蛇一首兩身，名曰肥遺，見則其國大旱。

肥遺

又北五十里，曰北單之山，無草木，多葱、韭。

又北百里，曰羆差之山，無草木，多馬。

又北百八十里，曰北鮮之山，是多馬。鮮水出焉，而西北流注于涂吾之水。

又北百七十里，曰隄山，多馬。有獸焉，其狀如豹而文首，名曰狕。

狕

隄水出焉，而東流注于泰澤，其中多龍龜。

龍龜

凡《北山經》之首，自單狐之山至于隄山，凡二十五山，五千四百九十里，其神皆人面蛇身。其祠之，毛用一雄鷄、彘瘞，吉玉用一珪，瘞而不糈。其山北人，皆生食不火之物。

人面蛇身神

《北次二經》之首，在河之東，其首枕汾，其名曰管涔之山。其上無木而多草，其下多玉。汾水出焉，而西流注于河。

又北二百五十里，曰少陽之山，其上多玉，其下多赤銀。酸水出焉，而東流注于汾水，其中多美赭。

又北五十里，曰縣雍之山，其上多玉，其下多銅，其獸多閭、麋，其鳥多白翟、白鶴。晋水出焉，而東南流注于汾水。其中多鮆魚，其狀如儵而赤鱗，其音如叱，食之不驕。

閭

又北二百里，曰狐岐之山，無草木，多青碧。勝水出焉，而東北流注于汾水，其中多蒼玉。

又北三百五十里，曰白沙山，廣員三百里，盡沙也，無草木、鳥獸。鮪水出于其上，潛于其下，是多白玉。

又北四百里，曰爾是之山，無草木，無水。

又北三百八十里，曰狂山，無草木。是山也，冬夏有雪。狂水出焉，而西流注于浮水，其中多美玉。

又北三百八十里，曰諸餘之山，其上多銅、玉，其下多松、柏。諸餘之水出焉，而東流注于旄水。

又北三百五十里，曰敦頭之山，其上多金、玉，無草木。旄水出焉，而東流注于卬澤，其中多䮐馬，牛尾而白身，一角，其音如呼。

䮐馬

又北三百五十里，曰鉤吾之山，其上多玉，其下多銅。有獸焉，其狀羊身人面，其目在腋下，虎齒人爪，其音如嬰兒，名曰狍鴞，是食人。

狍鴞

又北三百里，曰北嚻之山，無石，其陽多碧，其陰多玉。有獸焉，其狀如虎，而白身犬首，馬尾彘鬣，名曰獨

獨狢

狢。有鳥焉，其狀如烏，人面，名曰鸄鶌，宵飛而晝伏，食之已暍。涔水出焉，而東流注于卭澤。

又北三百五十里，曰梁渠之山，無草木，多金、玉。脩水出焉，而東流注于雁門，其獸多居暨，其狀如彙而

赤毛，其音如豚。有鳥焉，其狀如夸父，四翼、一目、犬尾，名曰嚻，其音如鵲，食之已腹痛，可以止衕。

嚻

又北四百里，曰姑灌之山，無草木。是山也，冬夏有雪。

又北三百八十里，曰湖灌之山，其陽多玉，其陰多碧，多馬。湖灌之水出焉，而東流注于海，其中多鮔。有木焉，其葉如柳而赤理。

又北水行五百里，流沙三百里，至于洹山，其上多金、玉。三桑生之，其樹皆無枝，其高百仞。百果樹生之。其下多怪蛇。

又北三百里，曰敦題之山，無草木，多金、玉。是錞于北海。

凡《北次二經》之首，自管涔之山至于敦題之山，凡十七山，五千六百九十里。其神皆蛇身人面。其祠：毛用一雄鷄、彘瘞；用一璧一珪，投而不糈。

蛇身人面神

《北次三經》之首曰太行之山。其首曰歸山，其上有金、玉，其下有碧。有獸焉，其狀如麢羊而四角，馬尾而有距，其名曰驒，善還，其鳴自

驒

訆。有鳥焉，其狀如鵲，白身、赤尾、六足，其名曰鶌，是善驚，其鳴自詨。

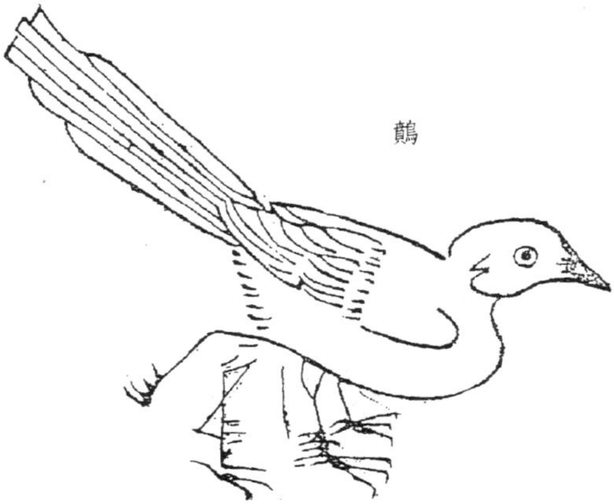

又東北二百里，曰龍侯之山，無草木，多金、玉。決決之水出焉，而東流注于河。其中多人魚，其狀如鯑魚，四足，其音如嬰兒，食之無癡疾。

又東北二百里，曰馬成之山，其上多文石，其陰多金、玉。有獸焉，其狀如白犬而黑頭，見人則飛，其名曰天馬，其鳴自訆。有鳥焉，其狀如烏，

天馬

首白而身青、足黃，是名曰鶌鶋，其鳴自詨，食之不飢，可以已寓。

鶌鶋

又東北七十里，曰咸山，其上有玉，其下多銅，是多松、柏，草多茈草。條菅之水出焉，而西南流注于長澤。其中多器酸，三歲一成，食之已癘。

又東北二百里，曰天池之山，其上無草木，多文石。有獸焉，其狀如兔而鼠首，以其背飛，其名曰飛鼠。澠水出焉，潛于其下，其中多黃堊。

飛鼠

又東三百里，曰陽山，其上多玉，其下多金、銅。有獸焉，其狀如牛而赤尾，其頸腎，其狀如句瞿，其名曰領胡，其鳴自詨，食之已狂。有鳥焉，其

領胡

狀如雌雉，而五采以文，是自爲牝牡，名曰象蛇，其鳴自詨。留水出焉，而南流注于河。其中有䱻父之魚，其狀

象蛇

如鮒魚，魚首而彘身，食之已嘔。

鮥父

又東三百五十里，曰賁聞之山，其上多蒼玉，其下多黃堊，多涅石。

又北百里，曰王屋之山，是多石。𤃫水出焉，而西北流注于泰澤。

又東北三百里，曰教山，其上多玉而無石。教水出焉，西流注于河，是水冬乾而夏流，實惟乾河。其中有兩山。是山也，廣員三百步，其名曰發丸之山，其上有金、玉。

又南三百里，曰景山，南望鹽販之澤，北望少澤，其上多草、藷藇，其草多秦椒，其陰多赭，其陽多玉。有鳥焉，其狀如蛇，而四翼、六目、三足，名曰酸與，其鳴自詨，見則其邑有恐。

酸與

又東南三百二十里，曰孟門之山，其上多蒼玉，多金，其下多黃堊，多涅石。

又東南三百二十里，曰平山。平水出于其上，潛于其下，是多美玉。

又東二百里，曰京山，有美玉，多漆木，多竹，其陽有赤銅，其陰有玄礵。高水出焉，南流注于河。

又東二百里，曰虫尾之山，其上多金、玉，其下多竹，多青碧。丹水出焉，南流注于河。薄水出焉，而東南流注于黃澤。

又東三百里，曰彭毗之山，其上無草木，多金、玉，其下多水。蚤林之水出焉，東南流注于河。肥水出焉，而南流注于牀水，其中多肥遺之蛇。

又東百八十里，曰小侯之山。明漳之水出焉，南流注于黃澤。有鳥焉，其狀如烏而白文，名曰鴣鸐，食之不灂。

又東三百七十里，曰泰頭之山。共水出焉，南注于虖池。其上多金、玉，其下多竹、箭。

又東北二百里，曰軒轅之山，其上多銅，其下多竹。有鳥焉，其狀如梟而白首，其名曰黄鳥，其鳴自詨，食之不妒。

黄鳥

又北二百里，曰謁戾之山，其上多松、柏，有金、玉。沁水出焉，南流注于河。其東有林焉，名曰丹林，丹林之水出焉，南流注于河。嬰侯之水出焉，北流注于汜水。

東三百里，曰沮洳之山，無草木，有金、玉。濝水出焉，南流注于河。

又北三百里，曰神囷之山，其上有文石，其下有白蛇，有飛蟲。黄水出焉，而東流注于洹。滏水出焉，而東流注于歐水。

白蛇

又北二百里，曰發鳩之山，其上多柘木。有鳥焉，其狀如烏，文首、白喙、赤足，名曰精衛，其鳴自詨。是炎帝之少女，名曰女娃，女娃游于東海，溺而不返，故爲精衛，常銜西山之木石，以堙于東海。漳水出焉，東流注于河。

精衛

又東北百二十里，曰少山，其上有金、玉，其下有銅。清漳之水出焉，東流于濁漳之水。

又東北二百里，曰錫山，其上多玉，其下有砥。牛首之水出焉，而東流注于滏水。

又北二百里，曰景山，有美玉。景水出焉，東南流注于海澤。

又北百里，曰題首之山，有玉焉，多石，無水。

又北百里，曰繡山，其上有玉、青碧，其木多栒，其草多芍藥、芎藭。洧水出焉，而東流注于河。其中有鱯、黽。

鱯

䖪

又北百二十里，曰松山，陽水出焉，東北流注于河。

又北百二十里，曰敦與之山，其上無草木，有金、玉。溹水出于其陽，而東流注于泰陸之水；泜水出于其陰，而東流注于彭水。槐水出焉，而東流注于泜澤。

又北百七十里，曰柘山，其陽有金、玉，其陰有鐵。歷聚之水出焉，而北流注于洧水。

又北三百里，曰維龍之山，其上有碧玉，其陽有金，其陰有鐵。肥水出焉，而東流注于皋澤，其中多礨石。敞鐵之水出焉，而北流注于大澤。

又北百八十里，曰白馬之山，其陽多石玉，其陰多鐵，多赤銅。木馬之水出焉，而東北流注于虖池。

又北二百里，曰空桑之山，無草木，冬夏有雪。空桑之水出焉，東流注于虖池。

又北三百里，曰泰戲之山，無草木，多金、玉。有獸焉，其狀如羊，一角一目，目在耳後，其名曰辣辣，其鳴自訆。虖池之水出焉，而東流注于漊水。液女之水出于其陽，南流注于沁水。

又北三百里，曰石山，多藏金、玉。濩濩之水出焉，而東流注于虖池；鮮于之水出焉，而南流注于虖池。

又北二百里，曰童戎之山。皋塗之水出焉，而東流注于溇液水。

又北三百里，曰高是之山。滋水出焉，而南流注于虖池，其木多椶，其草多條。滱水出焉，東流注于河。

又北三百里，曰陸山，多美玉。鄴水出焉，而東流注于河。

又北二百里，曰沂山。般水出焉，而東流注于河。

北百二十里，曰燕山，多嬰石。燕水出焉，東流注于河。

又北山行五百里，水行五百里，至于饒山。是無草木，多瑤碧，其獸多橐駞，其鳥多鶹。歷虢之水出焉，而東流注于河。其中有師魚，食之殺人。

鶹

又北四百里，曰乾山，無草木，其陽有金、玉，其陰有鐵而無水。有獸焉，其狀如牛而三足，其名曰獂，其鳴自詨。

獂

又北五百里，曰倫山。倫水出焉，而東流注于河。有獸焉，其狀如麋，其川在尾上，其名曰羆九。

羆九

又北五百里，曰碣石之山。繩水出焉，而東流注于河，其中多蒲夷之魚。其上有玉，其下多青碧。

又北水行五百里，至于雁門之山，無草木。

又北水行四百里，至于泰澤。其中有山焉，曰帝都之山，廣員百里，無草木，有金、玉。

又北五百里，曰錞于毋逢之山，北望鷄號之山，其風如飈。西望幽都之山，浴水出焉。是有大蛇，赤首白身，其音如牛，見則其邑大旱。

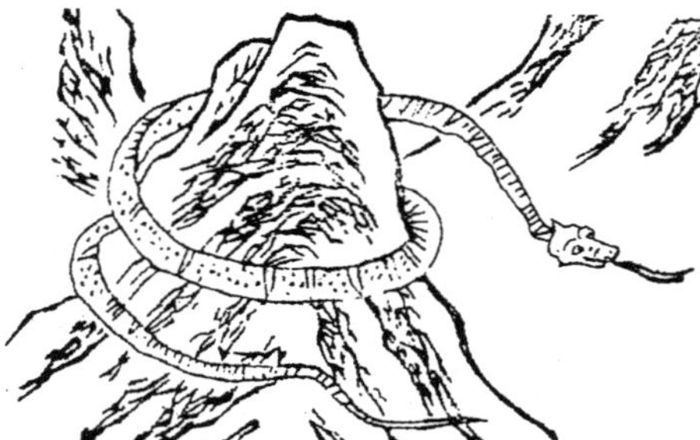

大蛇

凡《北次三經》之首，自太行之山以至于無逢之山，凡四十六山，萬二千三百五十里。其神狀皆馬身而人面者廿神。其祠之，皆用一藻、茝

馬身人面廿神

瘞之。其十四神狀皆彘身而載玉。其祠之，皆玉，不瘞。其十神狀皆彘

十四神

身而八足蛇尾。其祠之，皆用一璧瘞之。大凡四十四神，皆用稌糈米祠之，此皆不火食。

彘身八足神

右北經之山，凡八十七山，二萬三千二百三十里。

東山經

《東山經》之首，曰樕螽之山，北臨乾昧。食水出焉，而東北流注于海。其中多鱅鱅之魚，其狀如犂牛，其音如彘鳴。

鱅鱅魚

又南三百里，曰藟山，其上有玉，其下有金。湖水出焉，東流注于食水，其中多活師。

活師

又南三百里，曰栒狀之山，其上多金、玉，其下多青碧、石。有獸焉，其狀如犬，六足，其名曰從從，其鳴自詨。有鳥焉，其狀如鷄而鼠毛，其名曰蚩鼠，見則其邑大旱。沢水出焉，

而北流注于湖水。其中多箴魚，其狀如鯈，其喙如箴，食之無疫疾。

箴魚

又南三百里，曰勃亝之山，無草木，無水。

又南三百里，曰番條之山，無草木，多沙。減水出焉，北流注于海，其中多鰄魚。

鰄魚

又南四百里，曰姑兒之山，其上多漆，其下多桑、柘。姑兒之水出焉，北流注于海，其中多鱤魚。

又南四百里，曰高氏之山，其上多玉，其下多箴石。諸繩之水出焉，東流注于澤，其中多金、玉。

又南三百里，曰嶽山，其上多桑，其下多樗。濼水出焉，東流注于澤，其中多金、玉。

又南三百里，曰犲山，其上無草木，其下多水，其中多堪孖之魚。有獸焉，其狀如夸父而彘毛，其音如呼，見則天下大水。

如夸父獸

又南三百里，曰獨山，其上多金、玉，其下多美石。末塗之水出焉，而東南流注于沔。其中多鯈鱅，其狀如黃蛇，魚翼，出入有光，見則其邑大旱。

鯈鱅

又南三百里，曰泰山，其上多玉，其下多金。有獸焉，其狀如豚而有珠，名曰狪狪，其鳴自訆。環水出焉，東流注于江，其中多水玉。

狪狪

又南三百里，曰竹山，錞于江，無草木，多瑶、碧。激水出焉，而東南流注于娶檀之水，其中多茈蠃。

凡《東山經》之首，自樕螽之山以至于竹山，凡十二山，三千六百里。其神狀皆人身龍首。祠：毛用一犬祈，聃用魚。

人身龍首神

《東次二經》之首，曰空桑之山，北臨食水，東望沮吴，南望沙陵，西望湣澤。有獸焉，其狀如牛而虎文，其音如欽，其名曰軨軨，其鳴自叫，見則天下大水。

軨軨

又南六百里，曰曹夕之山，其下多穀而無水，多鳥獸。

又西南四百里，曰嶧皋之山，其上多金、玉，其下多白堊，嶧皋之水出焉，東流注于激女之水，其中多蜃珧。

又南水行五百里，流沙三百里，至于葛山之尾，無草木，多砥、礪。

又南三百八十里，曰葛山之首，無草木。澧水出焉，東流注于余澤，其中多珠蟞魚，其狀如肺而有目，六足有珠，其味酸甘，食之無癘。

珠蟞魚

又南三百八十里，曰餘峨之山，其上多梓、枏，其下多荊、芑。雜余之水出焉，東流注于黃水。有獸焉，其狀如菟而鳥喙，鴟目蛇尾，見人則眠，名曰犰狳，其鳴自訆，見則螽蝗爲敗。

又南三百里，曰杜父之山，無草木，多水。

又南三百里，曰耿山，無草木，多水碧，多大蛇。有獸焉，其狀如狐而魚翼，其名曰朱獳，其鳴自訆，見則其國有恐。

又南三百里，曰盧其之山，無草木，多沙石。沙水出焉，南流注于涔水，其中多鵹鶘，其狀如鴛鴦而人足，其鳴自訆，見則其國多土功。

又南三百八十里，曰姑射之山，無草木，多水。

又南水行三百里，流沙百里，曰北姑射之山，無草木，多石。

又南三百里，曰南姑射之山，無草木，多水。

又南三百里，曰碧山，無草木，多大蛇，多碧、水玉。

又南五百里，曰緱氏之山。無草木，多金、玉。原水出焉，東流注于沙澤。

又南三百里，曰姑逢之山，無草木，多金、玉。有獸焉，其狀如狐而有翼，其音如鴻雁，其名曰獙獙，見則天下大旱。

獙獙

又南五百里，曰鳧麗之山，其上多金、玉，其下多箴石。有獸焉，其狀如狐，而九尾、九首、虎爪，名曰蠪蛭，其音如嬰兒，是食人。

蠪蛭

又南五百里，曰硜山，南臨硜水，東望湖澤。有獸焉，其狀如馬，而羊目、四角、牛尾，其音如獆狗，其名曰峳峳，見則其國多狡客。有鳥焉，其狀如鳧而鼠尾，善登木，其名曰絜鉤，見則其國多疫。

峳峳

絜鉤

凡《東次二經》之首，自空桑之山至于硜山，凡十七山，六千六百四十里。其神狀皆獸身人面載觡。其祠：毛用一鷄祈，嬰用一璧瘞。

獸身人面神

又《東次三經》之首，曰尸胡之山，北望殍山，其上多金、玉，其下多棘。有獸焉，其狀如麋而魚目，名曰妴胡，其鳴自訆。

妴胡

又南水行八百里，曰岐山，其木多桃、李，其獸多虎。

又南水行五百里，曰諸鉤之山，無草木，多沙石。是山也，廣員百里，多寐魚。

又南水行七百里，曰中父之山，無草木，多沙。

又東水行千里，曰胡射之山，無草木，多沙石。

又南水行七百里，曰孟子之山，其木多梓、桐，多桃、李，其草多菌蒲，其獸多麋鹿。是山也，廣員百里。其上有水出焉，名曰碧陽，其中多鱣、鮪。

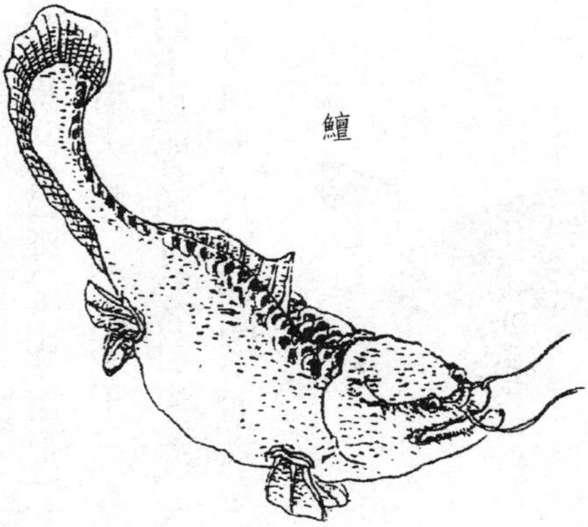
鱣

又南水行五百里，曰流沙，行五百里，有山焉，曰跂踵之山，廣員二百里，無草木，有大蛇，其上多玉。有水焉，廣員四十里皆涌，其名曰深澤，其中多蠵龜。有魚焉，其狀如鯉，而六足鳥尾，

蠵龜

鮪

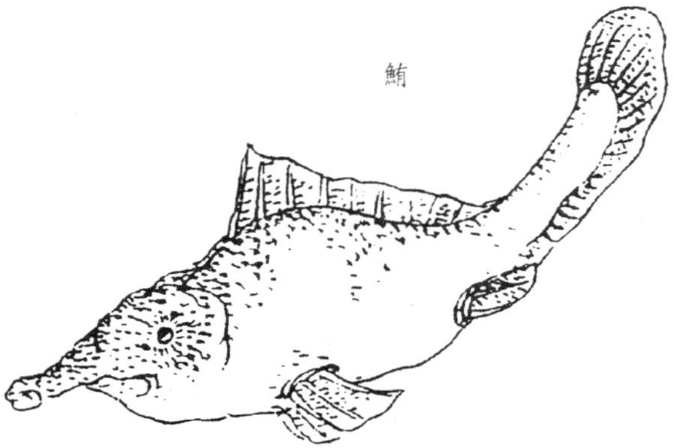

名曰鮯鮯之魚，其鳴自叫。

鮯鮯魚

又南水行九百里，曰踇隅之山，其上多草木，多金、玉，多赭。有獸焉，其狀如牛而馬尾，名曰精精，其鳴自叫。

又南水行五百里，流沙三百里，至于無皋之山，南望幼海，東望榑木，無草木，多風。是山也，廣員百里。

精精

凡《東次三經》之首，自尸胡之山至于無皋之山，凡九山，六千九百里。其神狀皆人身而羊角。其祠：用一牡羊，米用黍。是神也，見則風雨水爲敗。

人身羊角神

又《東次四經》之首，曰北號之山，臨于北海。有木焉，其狀如楊，赤華，其實如棗而無核，其味酸甘，食之不瘧。食水出焉，而東北流注于海。

獦狚

有獸焉，其狀如狼，赤首鼠目，其音如豚，名曰猲狚，是食人。有鳥焉，其狀如鷄而白首，鼠足而虎爪，其名曰鬿雀，亦食人。

鬿雀

又南三百里，曰旄山，無草木。蒼體之水出焉，而西流注于展水。其中多鱃魚，其狀如鯉而大首，食者不疣。

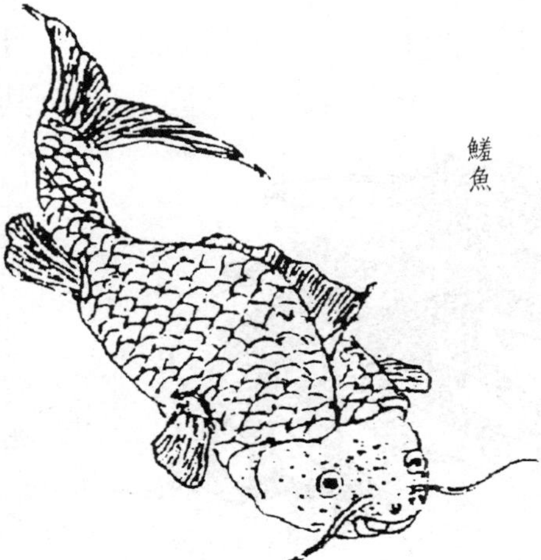

鱃魚

又南三百二十里，曰東始之山，上多蒼玉。有木焉，其狀如楊而赤理，其汁如血，不實，其名曰芑，可以服馬。泚水出焉，而東北流注于海，其

美貝

中多美貝，多茈魚，其狀如鮒，一首而十身，其臭如蘪蕪，食之不糟。

茈魚

又東南三百里，曰女烝之山，其上無草木。石膏水出焉，而西注于鬲水，其中多薄魚，其狀如鱣魚而一目，其音如歐，見則天下大旱。

薄魚

又東南二百里，曰欽山，多金、玉而無石。師水出焉，而北流注于皋澤，其中多鱃魚，多文貝。有獸焉，其狀如豚而有牙，其名曰當康，其鳴自叫，見則天下大穰。

當康

又東南二百里，曰子桐之山，子桐之水出焉，而西流注于餘如之澤。其中多䱻魚，其狀如魚而鳥翼，出入有光，其音如鴛鴦，見則天下大旱。

䱻魚

又東北二百里，曰剡山，多金、玉。有獸焉，其狀如彘而人面，黃身而赤尾，其名曰合窳，其音如嬰兒。是獸也，食人，亦食蟲蛇，見則天下大水。

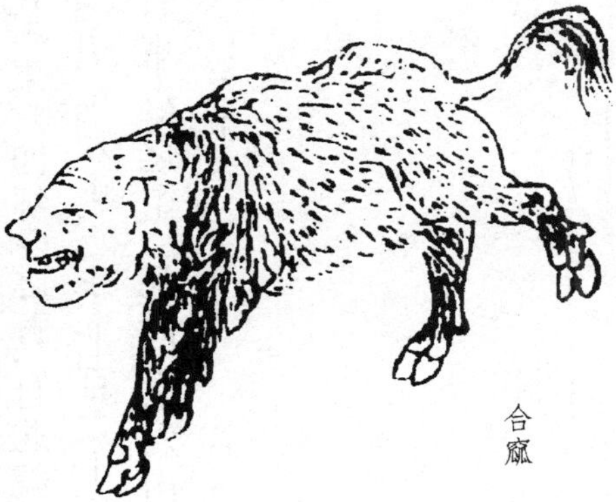
合窳

又東二百里，曰太山，上多金、玉、楨木。有獸焉，其狀如牛而白首，一目而蛇尾，其名曰蜚，行水則竭，行草則死，見則天下大疫。鉤水出焉，而北流注于勞水，其中多鱃魚。

蜚

凡《東次四經》之首，自北號之山至于太山，凡八山，一千七百二十里。

右東經之山，凡四十六山，萬八千八百六十里。

中山經

《中山經》薄山之首，曰甘棗之山。共水出焉，而西流注于河。其上多杻木，其下有草焉，葵本而杏葉，黃華而莢實，名曰籜，可以已瞢。有獸焉，其狀如獃鼠而文題，其名曰𪊨，食之已癭。

又東二十里，曰歷兒之山，其上多橿，多櫔木，是木也，方莖而員葉，黃華而毛，其實如楝，服之不忘。

𪊨

又東十五里，曰渠豬之山，其上多竹。渠豬之水出焉，而南流注于河。其中是多豪魚，狀如鮪，赤喙尾赤羽，可以已白癬。

豪魚

又東三十五里，曰蔥聾之山，其中多大谷，是多白堊，黑、青、黃堊。

又東十五里，曰涹山，其上多赤銅，其陰多鐵。

又東七十里，曰脱扈之山。有草焉，其狀如葵葉而赤華，莢實，實如椶莢，名曰植楮，可以已癙，食之不眯。

又東二十里，曰金星之山，多天嬰，其狀如龍骨，可以已痤。

又東七十里，曰泰威之山，其中有谷，曰梟谷，其中多鐵。

又東十五里，曰橿谷之山，其中多赤銅。

又東百二十里，曰吴林之山，其

中多葌草。

又北三十里，曰牛首之山。有草焉，名曰鬼草，其葉如葵而赤莖，其秀如禾，服之不憂。勞水出焉，而西流注于潏水。是多飛魚，其狀如鮒魚，食之已痔衕。

飛魚

又北四十里，曰霍山，其木多穀。有獸焉，其狀如貍，而白尾有鬣，名曰朏朏，養之可以已憂。

朏朏

又北五十二里，曰合谷之山，是多薝棘。

又北三十五里，曰陰山，多礪石、文石。少水出焉，其中多彫棠，其葉如榆葉而方，其實如赤菽，食之已聾。

又東北四百里，曰鼓鐙之山，多赤銅。有草焉，名曰榮草，其葉如柳，其本如鷄卵，食之已風。

凡薄山之首，自甘棗之山至于鼓鐙之山，凡十五山，六千六百七十里。歷兒，冢也。其祠禮：毛，太牢之具；縣嬰以吉玉。其餘十三山者，毛用一羊，縣嬰用桑封，瘞而不糈。桑封者，桑主也，方其下而鋭其上，而中穿之加金。

《中次二經》濟山之首，曰煇諸之山，其上多桑，其獸多閭、麋，其鳥多鶡。

鶡

又西南二百里，曰發視之山，其上多金、玉，其下多砥、礪。即魚之水出焉，而西流注于伊水。

又西三百里，曰豪山，其上多金、玉而無草木。

又西三百里，曰鮮山，多金、玉，無草木。鮮水出焉，而北流注于伊水。其中多鳴蛇，其狀如蛇而四翼，其音如磬，見則其邑大旱。

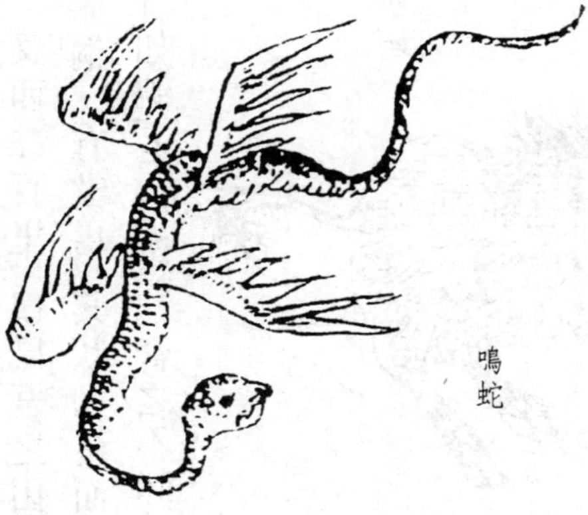

鳴蛇

又西三百里，曰陽山，多石，無草木。陽水出焉，而北流注于伊水。其中多化蛇，其狀如人面而豺身，鳥翼而蛇行，其音如叱呼，見則其邑大水。

化蛇

又西二百里，曰昆吾之山，其上多赤銅。有獸焉，其狀如彘而有角，其音如號，名曰蠪蛭，食之不眯。

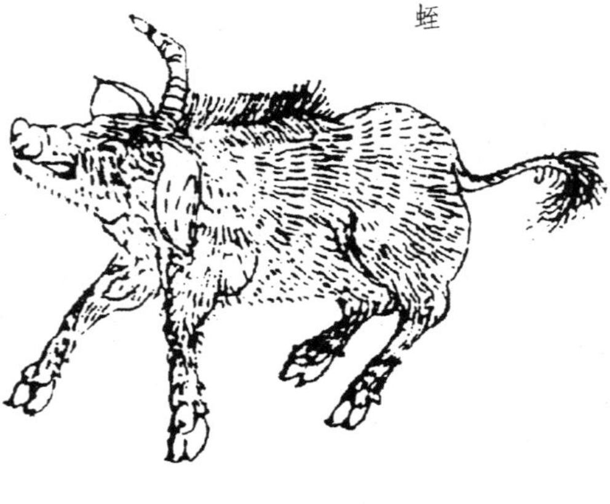

蠪蛭

又西百二十里，曰蓌山，蓌水出焉，而北流注于伊水，其上多金、玉，其下多青雄黄。有木焉，其狀如棠而赤葉，名曰芒草，可以毒魚。

又西一百五十里，曰獨蘇之山，無草木而多水。

又西二百里，曰蔓渠之山，其上多金、玉，其下多竹、箭。伊水出焉，而東流注于洛。有獸焉，其名曰馬腹，其狀如人面虎身，其音如嬰兒，是食人。

馬腹

凡濟山之首，自煇諸之山至于蔓渠之山，凡九山，一千六百七十里。其神皆人面而鳥身。祠用毛，用一吉玉，投而不糈。

人面鳥身神

《中次三經》萯山之首，曰敖岸之山，其陽多㻬琈之玉，其陰多赭、黄金。神熏池居之。是常出美玉。北望河林，其狀如蒨如舉。有獸焉，其

熏池

狀如白鹿而四角，名曰夫諸，見則其邑大水。

夫諸

又東十里，曰青要之山，實惟帝之密都。北望河曲，是多駕鳥。南望

駕鳥

墠渚，禹父之所化，是多僕纍、蒲盧。䰠武羅司之，其狀人面而豹文，小要而白齒，而穿耳以鐻，其鳴如鳴玉。是山

僕纍

蒲盧

䰠武羅

也，宜女子。畛水出焉，而北流注于河。其中有鳥焉，名曰鴢，其狀如鳧，青身而朱目赤尾，食之宜子。有草焉，其狀如葌，而方莖、黃華、赤實，其本如藁本，名曰荀草，服之美人色。

鴢

又東十里，曰騩山，其上有美棗，其陰有㻬琈之玉。正回之水出焉，而北流注于河。其中多飛魚，其狀如豚而赤文，服之不畏雷，可以禦兵。

飛魚

又東四十里，曰宜蘇之山，其上多金、玉，其下多蔓居之木。滽滽之水出焉，而北流注于河，是多黃貝。

又東二十里，曰和山，其上無草木而多瑶、碧，實惟河之九都。是山也五曲，九水出焉，合而北流注于河，其中多蒼玉。吉神泰逢司之，其狀如人而虎尾，是好居于萯山之陽，出入有光。泰逢神動天地氣也。

凡萯山之首，自敖岸之山至于和山，凡五山，四百四十里。其祠：泰逢、熏池、武羅皆一牡羊副，嬰用吉玉。其二神用一雄鷄瘗之，糈用稌。

《中次四經》釐山之首，曰鹿蹄之山，其上多玉，其下多金。甘水出焉，而北流注于洛，其中多泠石。

西五十里，曰扶豬之山，其上多礝石。有獸焉，其狀如貉而人目，其名曰麐。虢水出焉，而北流注于洛，其中多瓀石。

又西一百二十里，曰釐山，其陽多玉，其陰多蒐。有獸焉，其狀如牛，蒼身，其音如嬰兒，是食人，其名曰犀渠。滽滽之水出焉，而南流注于伊水。

有獸焉，名曰獱。其狀如獳犬而有鱗，其毛如彘鬣。

獱

又西二百里，曰箕尾之山，多穀，多涂石，其上多㻬琈之玉。

又西二百五十里，曰柄山，其上多玉，其下多銅。滔雕之水出焉，而北流注于洛。其中多羬羊。有木焉，其狀如樗，其葉如桐而莢實，其名曰茇，可以毒魚。

又西二百里，曰白邊之山，其上多金、玉，其下多青雄黃。

又西二百里，曰熊耳之山，其上多漆，其下多椶。浮濠之水出焉，而西流注于洛，其中多水玉，多人魚。有草焉，其狀如蘇而赤華，名曰葶薴，可以毒魚。

又西三百里，曰牡山。其上多文石，其下多竹箭、竹䉋，其獸多㸲牛、羬羊，鳥多赤鷩。

又西三百五十里，曰讙舉之山。雒水出焉，而東北流注于玄扈之水，其中多馬腸之物。此二山者，洛閒也。

凡釐山之首，自鹿蹄之山至于玄扈之山，凡九山，千六百七十里。其神狀皆人面獸身。其祠之：毛用一白鷄，祈而不糈；以采衣之。

人面獸身神

《中次五經》薄山之首，曰苟牀之山，無草木，多怪石。

東三百里，曰首山，其陰多穀、柞，草多苿、芫，其陽多㻬琈之玉，木多槐。其陰有谷，曰机谷，多馱鳥，其狀如梟而三目，有耳，其音如錄，食之已墊。

馱鳥

又東三百里，曰縣斸之山，無草木，多文石。

又東三百里，曰葱聾之山，無草木，多摩石。

東北五百里，曰條谷之山，其木多槐、桐，其草多芍藥、虋冬。

又北十里，曰超山，其陰多蒼玉，其陽有井，冬有水而夏竭。

又東五百里，曰成侯之山，其上多櫄木，其草多芃。

又東五百里，曰朝歌之山，谷多美堊。

又東五百里，曰槐山，谷多金、錫。

又東十里，曰歷山，其木多槐，其

陽多玉。

又東十里，曰尸山，多蒼玉，其獸多麖。尸水出焉，南流注于洛水，其中多美玉。

麖

又東十里，曰良餘之山，其上多穀、柞，無石。餘水出于其陰，而北流注于河；乳水出于其陽，而東南流注于洛。

又東南十里，曰蠱尾之山，多礪石、赤銅。龍餘之水出焉，而東南流注于洛。

又東北二十里，曰升山，其木多穀、柞、棘，其草多藷藇、蕙，多寇脱。黄酸之水出焉，而北流注于河，其中多璇玉。

又東十二里，曰陽虚之山，多金，臨于玄扈之水。

凡薄山之首，自苟林之山至于陽虛之山，凡十六山，二千九百八十二里。升山冢也，其祠禮：太牢，嬰用吉玉。首山䰠也，其祠用稌、黑犧太牢之具、蘖釀；干儛，置鼓；嬰用一璧。尸水，合天也，肥牲祠之，用一黑犬于上，用一雌鷄于下，刉一牝羊，獻血。嬰用吉玉，采之，饗之。

《中次六經》縞羝山之首，曰平逢之山，南望伊洛，東望穀城之山，無草木，無水，多沙石。有神焉，其狀如人而二首，名曰驕蟲，是爲螫蟲，實惟蜂蜜之廬。其祠之：用一雄鷄，禳而勿殺。

驕蟲

西十里，曰縞羝之山，無草木，多金、玉。

又西十里，曰廆山，其陰多㻬琈之玉。其西有谷焉，名曰雚谷，其木多柳、楮。其中有鳥焉，狀如山鷄而長尾，赤如丹火而青喙，名曰鴒䳋，其鳴自呼，服之不眯。交觴之水出于其陽，而南流注于洛；俞隨之水出于其陰，而北流注于穀水。

鴒䳋

又西三十里，曰瞻諸之山，其陽多金，其陰多文石。谢水出焉，而東南流注于洛；少水出其陰，而東流注于穀水。

又西三十里，曰婁涿之山，無草木，多金、玉。瞻水出于其陽，而東流注于洛；陂水出于其陰，而北流注于穀水，其中多茈石、文石。

又西四十里，曰白石之山。惠水出于其陽，而南流注于洛，其中多水玉。澗水出于其陰，西北流注于穀水，其中多麋石、櫨丹。

又西五十里，曰穀山，其上多穀，其下多桑。爽水出焉，而西北流注于穀水，其中多碧綠。

又西七十二里，曰密山，其陽多玉，其陰多鐵。豪水出焉，而南流注于洛，其中多旋龜，其狀鳥首而鼈尾，其音如判木。無草木。

旋龜

又西百里，曰長石之山，無草木，多金、玉。其西有谷焉，名曰共谷，多竹。共水出焉，西南流注于洛，其中多鳴石。

又西一百四十里，曰傅山，無草木，多瑶、碧。厭染之水出于其陽，而南流注于洛，其中多人魚。其西有林焉，名曰墦冢。穀水出焉，而東流注于洛，其中多珚玉。

又西五十里，曰橐山，其木多樗，多構木，其陽多金、玉，其陰多鐵，多蕭。橐水出焉，而北流注于河。其中多脩辟之魚，狀如黽而白喙，其音如鴟，食之已白癬。

脩辟魚

又西九十里，曰常烝之山，無草木，多堊。潐水出焉，而東北流注于河，其中多蒼玉。菑水出焉，而北流注于河。

又西九十里，曰夸父之山，其木多椶、柟，多竹、箭，其獸多㸲牛、羬羊，其鳥多赤鷩，其陽多玉，其陰多鐵。其北有林焉，名曰桃林，是廣員三百里，其中多馬。湖水出焉，而北流注于河，其中多珚玉。

又西九十里，曰陽華之山，其陽多金、玉，其陰多青雄黄，其草多藷藇，多苦莘。其狀如橚，其實如瓜，其味酸甘，食之已瘧。楊水出焉，而西南流注于洛，其中多人魚。門水出焉，而東北流注于河，其中多玄礵。緒姑之水出于其陰，而東流注于門水，其上多銅。門水至于河，七百九十里入雒水。

凡縞羝山之首，自平逢之山至于陽華之山，凡十四山，七百九十里。嶽在其中，以六月祭之，如諸嶽之祠法，則天下安寧。

《中次七經》苦山之首，曰休與之山。其上有石焉，名曰帝臺之棊，五色而文，其狀如鶉卵，帝臺之石，所以禱百神者也，服之不蠱。有草焉，其狀如蓍，赤葉而本叢生，名曰夙條，可以爲簳。

東三百里，曰鼓鍾之山，帝臺之所以觴百神也。有草焉，方莖而黃華，員葉而三成，其名曰焉酸，可以爲毒。其上多礪，其下多砥。

又東二百里，曰姑媱之山。帝女死焉，其名曰女尸，化爲䔄草，其葉胥成。其華黃，其實如菟丘，服之媚于人。

又東二十里，曰苦山。有獸焉，名曰山膏，其狀如逐，赤若丹火，善詈。其上有木焉，名曰黃棘，黃華而員葉，其實如蘭，服之不字。有草焉，員葉而無莖，赤華而不實，名曰無條，服之不癭。

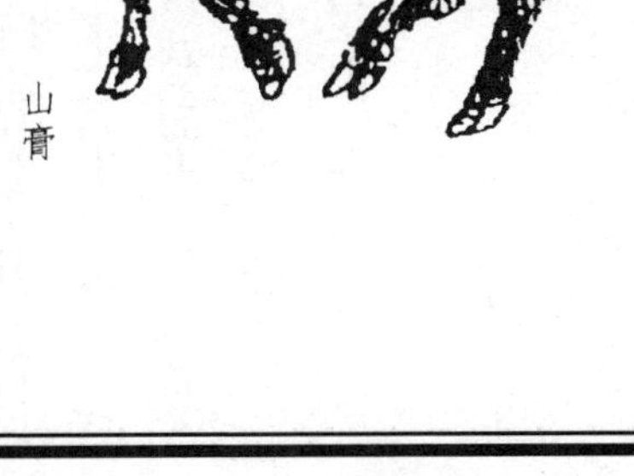
山膏

又東二十七里，曰堵山，神天愚居之，是多怪風雨。其上有木焉，名曰天楄，方莖而葵狀，服者不啞。

又東五十二里，曰放皋之山。明水出焉，南流注于伊水，其中多蒼玉。有木焉，其葉如槐，黃華而不實，其名曰蒙木，服之不惑。有獸焉，其狀如蜂，枝尾而反舌，善呼，其名曰文文。

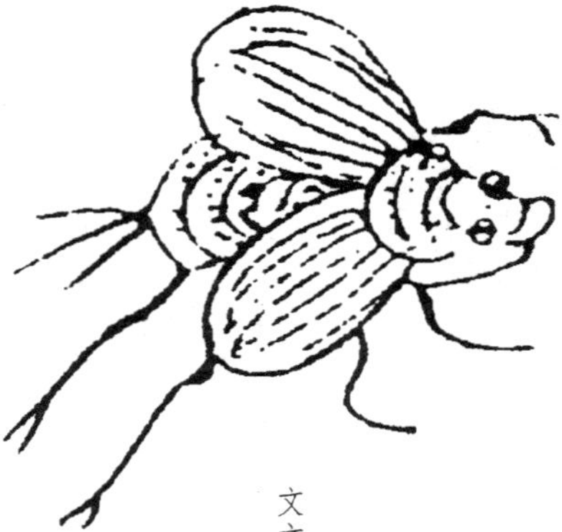

又東五十七里，曰大𦮿之山，多㻬琈之玉，多麋玉。有草焉，其狀葉如榆，方莖而蒼傷，其名曰牛傷，其根蒼文，服者不厥，可以禦兵。其陽狂水出焉，西南流注于伊水，其中多三足龜，食者無大疾，可以已腫。

三足龜

又東七十里，曰半石之山，其上有草焉，生而秀，其高丈餘，赤葉赤華，華而不實，其名曰嘉榮，服之者不霆。來需之水出于其陽，而西流注于伊水，其中多鯩魚，黑文，其狀如鮒，

鯩魚

食者不睡。合水出于其陰，而北流注于洛，多螣魚，狀如鱖，居逵，蒼文赤尾，食者不癰，可以爲瘻。

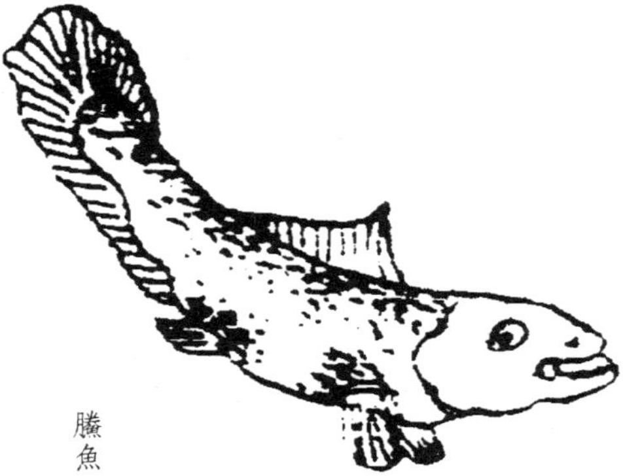

螣魚

又東五十里，曰少室之山，百草木成囷。其上有木焉，其名曰帝休，葉狀如楊，其枝五衢，黃華黑實，服者不怒。其上多玉，其下多鐵。休水出焉，而北流注于洛，其中多鯑魚，狀如盩蜼而長距，足白而對，食者無蠱疾，可以禦兵。

鯑魚

又東三十里，曰泰室之山。其上有木焉，葉狀如梨而赤理，其名曰栯木，服者不妒。有草焉，其狀如茶，白華黑實，澤如蘡薁，其名曰䔄草，服之不昧。上多美石。

又北三十里，曰講山，其上多玉，多柘，多柏。有木焉，名曰帝屋，葉狀如椒，反傷赤實，可以禦凶。

又北三十里，曰嬰梁之山，上多蒼玉，錞于玄石。

又東三十里，曰浮戲之山。有木焉，葉狀如樗而赤實，名曰亢木，食之不蠱。汜水出焉，而北流注于河。其東有谷，因名曰蛇谷，上多少辛。

又東四十里，曰少陘之山。有草焉，名曰䔄草，葉狀如葵，而赤莖白華，實如蘡薁，食之不愚。器難之水出焉，而北流注于役水。

又東南十里，曰太山。有草焉，名曰梨，其葉狀如荻而赤華，可以已疽。太水出于其陽，而東南流注于役水；承水出于其陰，而東北流注于役。

又東二十里，曰末山，上多赤金。末水出焉，北流注于役。

又東二十五里，曰役山，上多白金，多鐵。役水出焉，北注于河。

又東三十五里，曰敏山。上有木

焉，其狀如荆，白華而赤實，名曰葪柏，服者不寒。其陽多㻬琈之玉。

又東三十里，曰大騩之山，其陰多鐵、美玉、青堊。有草焉，其狀如蓍而毛，青華而白實，其名曰䓍，服之不夭，可以爲腹病。

凡苦山之首，自休與之山至于大騩之山，凡十有九山，千一百八十四里。其十六神者，皆豕身而人面。其

豕身人面十六神

祠：毛牷用一羊羞，嬰用一藻玉瘞。苦山、少室、太室皆冢也，其祠之：太牢之具，嬰以吉玉。其神狀皆人面而三首。其餘屬皆豕身人面也。

人面三首神

《中次八經》荆山之首，曰景山，其上多金、玉，其木多杼、檀。雎水出焉，東南流注于江，其中多丹粟，多文魚。

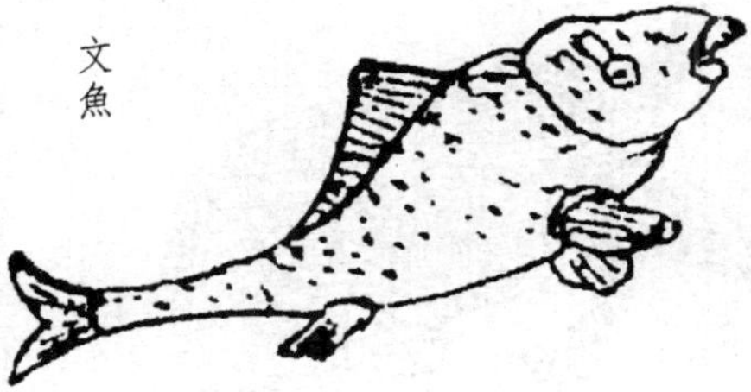

文魚

東北百里，曰荆山，其陰多鐵，其陽多赤金，其中多犛牛，多豹、虎，其木多松、柏，其草多竹，多橘、櫾。漳水出

犛牛

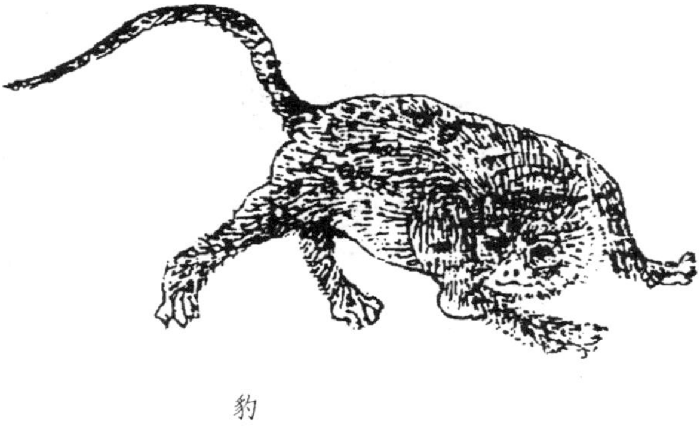

豹

焉，而東南流注于睢，其中多黃金，多鮫魚。其獸多閭、麋。

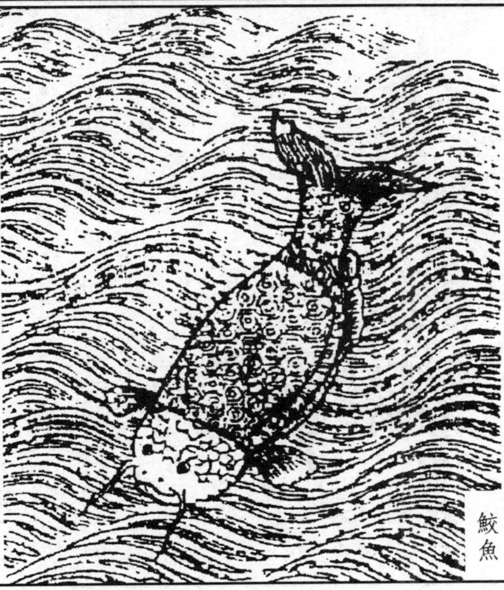

鮫魚

又東北百五十里，曰驕山，其上多玉，其下多青雘，其木多松、柏，多桃枝、鉤端。神蟲圍處之，其狀如人面，羊角虎爪，恒遊于睢、漳之淵，出入有光。

蟲圍

又東北百二十里，曰女几之山，其上多玉，其下多黄金，其獸多豹、虎，多閭、麋、麖、麂，其鳥多白鷮，多翟，多鴆。

麂

鴆

又東北二百里，曰宜諸之山，其上多金、玉，其下多青雘。洈水出焉，而南流注于漳，其中多白玉。

又東北三百五十里，曰綸山，其木多梓、枏，多桃枝，多柤、栗、橘、櫾，其獸多閭、麈、麢、㚟。

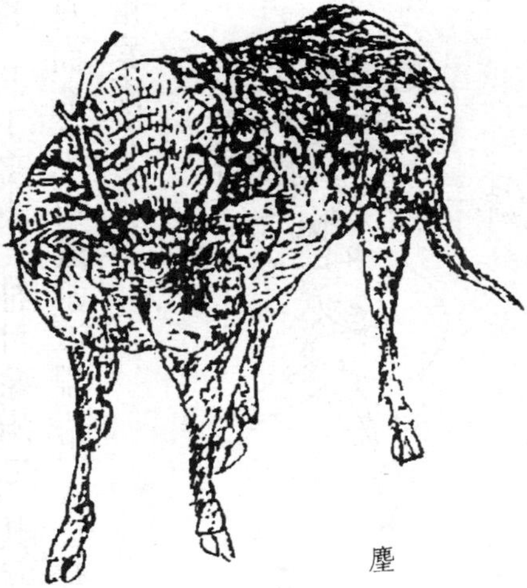

麈

㚟

又東北二百里，曰陸郈之山，其上多瑶琈之玉，其下多堊，其木多杻、橿。

又東百三十里，曰光山，其上多碧，其下多木。神計蒙處之，其狀人身而龍首，恒遊于漳淵，出入必有飄風暴雨。

計蒙

又東百五十里，曰岐山，其陽多赤金，其陰多白珉，其上多金、玉，其下多青雘，其木多樗。神涉䳐處之，其狀人身而方面三足。

又東百三十里，曰銅山，其上多金、銀、鐵，其木多穀、柞、柤、栗、橘、櫾，其獸多犳。

又東北一百里，曰美山，其獸多兕牛，多閭、麈，多豕、鹿，其上多金，其下多青雘。

又東北百里，曰大堯之山，其木多松、柏，多梓、桑，多机，其草多竹，其獸多豹、虎、麢、㚔。

又東北三百里，曰靈山，其上多金、玉，其下多青雘，其木多桃、李、梅、杏。

又東北七十里，曰龍山，上多寓木，其上多碧，其下多赤錫，其草多桃枝、鉤端。

又東南五十里，曰衡山，上多寓木、穀、柞，多黄堊、白堊。

又東南七十里，曰石山，其上多金，其下多青雘，多寓木。

又南百二十里，曰若山，其上多㻬琈之玉，多赭，多邽石，多寓木，多柘。

又東南一百二十里，曰彘山，多美石，多柘。

又東南一百五十里，曰玉山，其上多金、玉，其下多碧、鐵，其木多柏。

又東南七十里，曰讙山，其木多檀，多邽石，多白錫。郁水出于其上，潜于其下，其中多砥、礪。

又東北百五十里，曰仁舉之山，其木多穀、柞，其陽多赤金，其陰多赭。

又東五十里，曰師每之山，其陽多砥、礪，其陰多青雘，其木多柏，多檀，多柘，其草多竹。

又東南二百里，曰琴鼓之山，其木多穀、柞、椒、柘，其上多白珉，其下多洗石，其獸多豕、鹿，多白犀，其鳥多鴆。

凡荆山之首，自景山至琴鼓之山，凡二十三山，二千八百九十里。其神狀皆鳥身而人面。其祠：用一雄鷄祈瘞，用一藻圭，糈用稌。驕山，冢也，其祠：用羞酒少牢祈瘞，嬰毛一璧。

鳥身人面神

《中次九經》岷山之首，曰女几之山，其上多石涅，其木多杻、橿，其草多菊、莍。洛水出焉，東注于江，其中多雄黄，其獸多虎、豹。

又東北三百里，曰岷山，江水出焉，東北流注于海，其中多良龜，多鼉。其上多金、玉，其下多白珉，其木多梅、棠，其獸多犀、象，多夔牛，其鳥多翰、鷩。

鼉

夔牛

又東北一百四十里，曰崍山，江水出焉，東流注大江。其陽多黃金，其陰多麋、麈，其木多檀、柘，其草多䪥、韭，多葯、空奪。

又東一百五十里，曰崌山，江水出焉，東流注于大江，其中多怪蛇，多鰲魚，其木多楢、杻，多梅、梓，其獸多

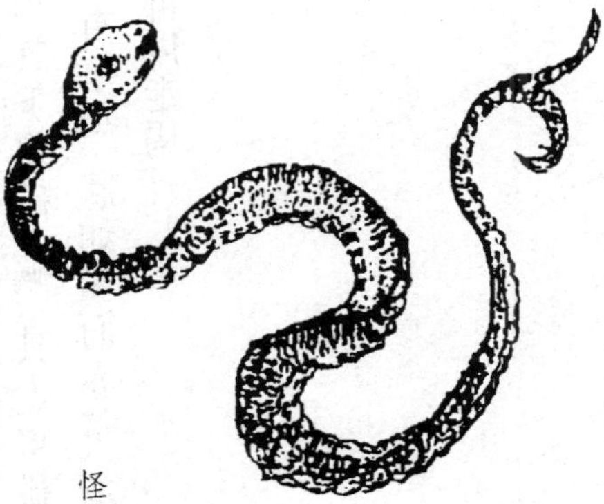

怪蛇

夔牛、麢、㚟、犀、兕。有鳥焉，狀如鴞而赤身白首，其名曰竊脂，可以禦火。

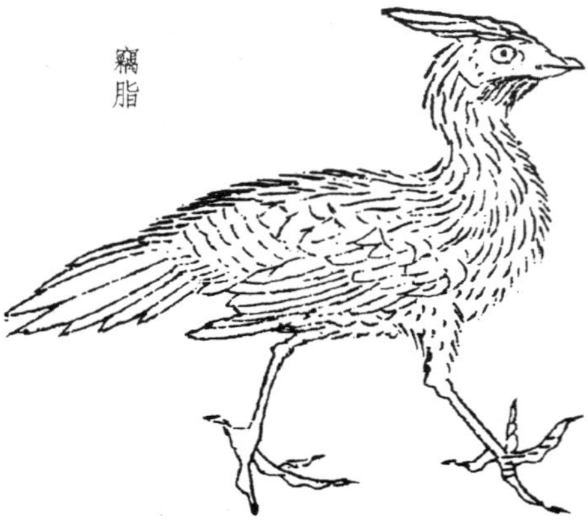

竊脂

又東三百里，曰高梁之山，其上多堊，其下多砥、礪，其木多桃枝、鉤端。有草焉，狀如葵而赤華、莢實、白柎，可以走馬。

又東四百里，曰蛇山，其上多黃金，其下多堊，其木多栒，多豫章，其草多嘉榮、少辛。有獸焉，其狀如狐，而白尾長耳，名狏狼，見則國內有兵。

狏狼

又東五百里，曰鬲山，其陽多金，其陰多白珉。蒲鸏之水出焉，而東流注于江，其中多白玉。其獸多犀、象、熊、羆，多猨、蜼。

蜼

又東北三百里，曰隅陽之山，其上多金、玉，其下多青雘，其木多梓、桑，其草多茈。徐之水出焉，東流注于江，其中多丹粟。

又東二百五十里，曰岐山，其上多白金，其下多鐵，其木多梅、梓，多杻、楢。減水出焉，東南流注于江。

又東三百里，曰勾檷之山，其上多玉，其下多黄金，其木多櫟、柘，其草多芍藥。

又東一百五十里，曰風雨之山，其上多白金，其下多石涅，其木多棷、樿，多楊。宣余之水出焉，東流注于江，其中多蛇。其獸多閭、麋，多麈、豹、虎，其鳥多白鷮。

又東北二百里，曰玉山，其陽多銅，其陰多赤金，其木多豫章、楢、杻，其獸多豕、鹿、麢、㚟，其鳥多鴆。

又東一百五十里，曰熊山。有穴焉，熊之穴，恒出神人。夏啓而冬閉；是穴也，冬啓乃必有兵。其上多白玉，其下多白金，其木多樗、柳，其草多寇脫。

熊山神

又東一百四十里，曰騩山，其陽多美玉、赤金，其陰多鐵，其木多桃枝、荆、芭。

又東二百里，曰葛山，其上多赤金，其下多瑊石，其木多柤、栗、橘、櫾、楢、杻，其獸多麢、㚟，其草多嘉榮。

又東一百七十里，曰賈超之山，其陽多黃堊，其陰多美赭，其木多柤、栗、橘、櫾，其中多龍脩。

凡岷山之首，自女几山至于賈超之山，凡十六山，三千五百里。其神狀皆馬身而龍首。其祠：毛用一雄鷄瘞，糈用稌。文山勾𡼩、風雨、騩之山，是皆冢也，其祠之：羞酒少牢具，嬰毛一吉玉。熊山，席也，其祠：羞酒，太牢具，嬰毛一璧。干儛，用兵以禳；祈，璆冕舞。

馬身龍首神

《中次十經》之首，曰首陽之山，其上多金、玉，無草木。

又西五十里，曰虎尾之山，其木多椒、椐，多封石，其陽多赤金，其陰多鐵。

又西南五十里，曰繁繢之山，其木多楢、杻，其草多枝勾。

又西南二十里，曰勇石之山，無草木，多白金，多水。

又西二十里，曰復州之山，其木多檀，其陽多黃金。有鳥焉，其狀如鴞，而一足彘尾，其名曰跂踵，見則其國大疫。

跂踵

又西三十里，曰楮山，多寓木，多椒、椐，多柘，多堊。

又西二十里，曰又原之山，其陽多青雘，其陰多鐵，其鳥多鸜鵒。

鸜鵒

又西五十里，曰涿山，其木多穀、柞、杻，其陽多瑤琈之玉。

又西七十里，曰丙山，其木多梓、檀，多弞杻。

凡首陽山之首，自首山至于丙山，凡九山，二百六十七里。其神狀皆龍身而人面。其祠之：毛用一雄鷄瘞，糈用五種之糈。堵山，冢也，其祠之：少牢具，羞酒祠，嬰毛一璧瘞。騩山，帝也，其祠羞酒，太牢具；合巫祝二人儛，嬰一璧。

龍身人面神

《中次一十一山經》荆山之首，曰翼望之山。湍水出焉，東流注于濟；貺水出焉，東南流注于漢，其中多蛟。其上多松、柏，其下多漆、梓，其陽多赤金，其陰多珉。

又東北一百五十里，曰朝歌之山。潕水出焉，東南流注于滎，其中多人魚。其上多梓、枏，其獸多麢、麋，有草焉，名曰莽草，可以毒魚。

又東南二百里，曰帝囷之山，其陽多㻬琈之玉，其陰多鐵。帝囷之水出于其上，潛于其下，多鳴蛇。

又東南五十里，曰視山，其上多韭。有井焉，名曰天井，夏有水，冬竭。其上多桑，多美堊、金、玉。

又東南二百里，曰前山，其木多櫧，多柏，其陽多金，其陰多赭。

又東南三百里，曰豐山。有獸焉，其狀如蝯，赤目、赤喙、黃身，名曰雍和，見則國有大恐。神耕父處之，常遊清泠之淵，出入有光，見則其國爲敗。有九鐘焉，是知霜鳴。其上多金，其下多穀、柞、杻、橿。

雍和

耕父

又東北八百里，曰兔牀之山，其陽多鐵，其木多藷萸，其草多鷄穀，其本如鷄卵，其味酸甘，食者利于人。

又東六十里，曰皮山，多堊，多赭，其木多松、柏。

又東六十里，曰瑤碧之山，其木多梓、枏，其陰多青雘，其陽多白金。有鳥焉，其狀如雉，恒食蜚，名曰鴆。

鴆

又東四十里，曰支離之山。濟水出焉，南流注于漢。有鳥焉，其名曰嬰勺，其狀如鵲，赤目、赤喙、白身，其尾若勺，其鳴自呼。多㸲牛，多羬羊。

嬰勺

又東北五十里，曰袟篙之山，其上多松、柏、机、桓。

又西北一百里，曰堇理之山，其上多松、柏，多美梓，其陰多丹雘，多金，其獸多豹、虎。有鳥焉，其狀如鵲，青身白喙，白目白尾，名曰青耕，可以禦疫，其鳴自叫。

又東南三十里，曰依軲之山，其上多杻、橿，多苴。有獸焉，其狀如犬，虎爪有甲，其名曰獜，善駚坌，食者不風。

青耕

獜

又東南三十五里，曰即谷之山，多美玉，多玄豹，多閭、麈，多麢、㚟。其陽多珉，其陰多青雘。

又東南四十里，曰鷄山，其上多美梓，多桑，其草多韭。

又東南五十里，曰高前之山。其上有水焉，甚寒而清，帝臺之漿也，飲之者不心痛。其上有金，其下有赭。

又東南三十里，曰游戲之山，多杻、橿、穀，多玉，多封石。

又東南三十五里，曰從山，其上多松、柏，其下多竹。從水出于其上，潛于其下，其中多三足鼈，枝尾，食之無蠱疫。

三足鼈

又東南三十里，曰嬰硜之山，其上多松、柏，其下多梓、檋。

又東南三十里，曰畢山。帝苑之水出焉，東北流注于視，其中多水玉，多蛟。其上多㻬琈之玉。

又東南二十里，曰樂馬之山。有獸焉，其狀如彙，赤如丹火，其名曰淚，見則其國大疫。

又東南二十五里，曰葴山，視水出焉，東南流注于汝水，其中多人魚，多蛟，多頡。

頡

又東四十里，曰嬰山，其下多青雘，其上多金、玉。

又東三十里，曰虎首之山，多苴、椆、椐。

又東二十里，曰嬰侯之山，其上多封石，其下多赤錫。

又東五十里，曰大孰之山。殺水出焉，東北流注于視水，其中多白堊。

又東四十里，曰卑山，其上多桃、李、苴、梓，多纍。

又東三十里，曰倚帝之山，其上多玉，其下多金。有獸焉，其狀如鼣鼠，白耳白喙，名曰狙如，見則其國有大兵。

狙如

又東三十里，曰鯢山，鯢水出于其上，潛于其下，其中多美堊。其上多金，其下多青雘。

又東三十里，曰雅山。澧水出焉，東流注于視水，其中多大魚。其上多美桑，其下多苴，多赤金。

又東五十里，曰宣山。淪水出焉，東南流注于視水，其中多蛟。其上有桑焉，大五十尺，其枝四衢，其葉大尺餘，赤理、黃華、青柎，名曰帝女之桑。

又東四十五里，曰衡山，其上多青雘，多桑，其鳥多鸜鵒。

又東四十里，曰豐山，其上多封石，其木多桑，多羊桃，狀如桃而方莖，可以爲皮張。

又東七十里，曰嫗山，其上多美玉，其下多金，其草多鷄穀。

又東三十里，曰鮮山，其木多楢、杻、苴，其草多亹冬，其陽多金，其陰多鐵。有獸焉，其狀如膜犬，赤喙、赤目、白尾，見則其邑有火，名曰𤞣即。

𤞣即

又東三十里，曰章山，其陽多金，其陰多美石。皋水出焉，東流注于澧水，其中多脃石。

又東二十五里，曰大支之山，其陽多金，其木多榖、柞，無草。

又東五十里，曰區吴之山，其木多苴。

又東五十里，曰聲匈之山，其木多穀，多玉，上多封石。

又東五十里，曰大騩之山，其陽多赤金，其陰多砥石。

又東十里，曰踵臼之山，無草木。

又東北七十里，曰歷石之山，其木多荆、芑，其陽多黄金，其陰多砥石。有獸焉，其狀如貍，而白首虎爪，名曰梁渠，見則其國有大兵。

梁渠

又東南一百里，曰求山。求水出于其上，潛于其下，中有美赭。其木多苴，多䉋。其陽多金，其陰多鐵。

又東二百里，曰丑陽之山，其上多椆、椐。有鳥焉，其狀如烏而赤足，名曰𪀦餘，可以禦火。

又東三百里，曰奧山，其上多柏、杻、橿，其陽多㻬琈之玉。奧水出焉，東流注于視水。

又東三十五里，曰服山，其木多苴，其上多封石，其下多赤錫。

又東三百里，曰杳山，其上多嘉榮草，多金、玉。

又東三百五十里，曰几山，其木多楢、檀、杻，其草多香。有獸焉，其狀如彘，黄身、白頭、白尾，名曰聞豨，見則天下大風。

聞豨

凡荆山之首，自翼望之山至于几山，凡四十八山，三千七百三十二里。其神狀皆彘身人首。其祠：毛用一雄鷄祈瘞，用一珪，糈用五種之精。禾山，帝也，其祠：太牢之具，羞瘞，倒毛；用一璧，牛無常。堵山、玉山，冢也，皆倒祠，羞毛少牢，嬰毛吉玉。

彘身人首神

《中次十二經》洞庭山之首，曰篇遇之山，無草木，多黃金。

又東南五十里，曰雲山，無草木。有桂竹，甚毒，傷人必死。其上多黃金，其下多㻬琈之玉。

又東南一百三十里，曰龜山，其木多穀、柞、椆、椐，其上多黃金，其下多青雄黃，多扶竹。

又東七十里，曰丙山，多筀竹，多黃金、銅、鐵，無木。

又東南五十里，曰風伯之山，其上多金、玉，其下多痠石、文石，多鐵，其木多柳、杻、檀、楮。其東有林焉，名曰莽浮之林，多美木、鳥、獸。

又東一百五十里，曰夫夫之山，其上多黃金，其下多青雄黃，其木多桑、楮，其草多竹、鷄鼓。神于兒居之，其狀人身而身操兩蛇，常遊于江淵，出入有光。

于兒

又東南一百二十里，曰洞庭之山，其上多黃金，其下多銀、鐵，其木多柤、梨、橘、櫾，其草多葌、蘪蕪、芍藥、芎藭。帝之二女居之，是常遊于

帝之二女

江淵。澧沅之風，交瀟湘之淵，是在九江之間，出入必以飄風暴雨。是多怪神，狀如人而載蛇，左右手操蛇。多怪鳥。

洞庭怪神

又東南一百八十里，曰暴山，其木多椶、枏、荆、芑、竹、箭、䉋、箘，其上多黃金、玉，其下多文石、鐵，其獸多麋、鹿、麈、就。

又東南二百里，曰即公之山，其上多黃金，其下多㻬琈之玉，其木多柳、杻、檀、桑。有獸焉，其狀如龜，而白身赤首，名曰蛫，是可以禦火。

蛫

又東南一百五十九里，曰堯山，其陰多黃堊，其陽多黃金，其木多荊、芑、柳、檀，其草多藷藇、𦬸。

又東南一百里，曰江浮之山，其上多銀、砥、礪，無草木，其獸多豕、鹿。

又東二百里，曰真陵之山，其上多黃金，其下多玉，其木多穀、柞、柳、杻，其草多榮草。

又東南一百二十里，曰陽帝之山，多美銅，其木多橿、杻、檿、楮，其獸多䴥、麝。

又南九十里，曰柴桑之山，其上多銀，其下多碧，多汵石、赭，其木多柳、芑、楮、桑，其獸多麋鹿，多白蛇、飛蛇。

飛蛇

又東二百三十里，曰榮余之山，其上多銅，其下多銀，其木多柳、芑，其蟲多怪蛇、怪蟲。

鳥身龍首神

凡洞庭山之首，自篇遇之山至于榮余之山，凡十五山，二千八百里。其神狀皆鳥身而龍首。其祠：毛用一雄鷄、一牝豚刉，糈用稌。凡夫夫之山、即公之山、堯山、陽帝之山，皆冢也，其祠：皆肆瘞，祈用酒，毛用少牢，嬰用一吉玉。洞庭、榮余山神也，其祠：皆肆瘞，祈酒太牢祠，嬰用圭璧十五，五采惠之。

右中經之山，大凡百九十七山，二萬一千三百七十一里。

大凡天下名山五千三百七十，居地，大凡六萬四千五十六里。

禹曰：天下名山，經五千三百七十山，六萬四千五十六里，居地也。言其五臧，蓋其餘小山甚衆，不足記云。天地之東西二萬八千里，南北二萬六千里，出水之山者八千里，受水者八千里，出銅之山四百六十七，出鐵之山三千六百九十。此天地之所分壤樹穀也，戈矛之所發也，刀鎩之所起也，能者有餘，拙者不足。封于太山，禪于梁父，七十二家，得失之數，皆在此內，是謂國用。

右《五臧山經》五篇，大凡一萬五千五百三字。

海外南經

地之所載，六合之間，四海之內，照之以日月，經之以星辰，紀之以四時，要之以太歲，神靈所生，其物異形，或夭或壽，唯聖人能通其道。

海外自西南陬至東南陬者。

結匈國在其西南，其爲人結匈。

結匈國

南山在其東南。自此山來，蟲爲蛇，蛇號爲魚。一曰南山在結匈東南。

比翼鳥在其東，其爲鳥青、赤，兩鳥比翼。一曰在南山東。

羽民國在其東南，其爲人長頭，

身生羽。一曰在比翼鳥東南，其爲人長頰。

羽民國

有神人二八，連臂，爲帝司夜于此野。在羽民東。其爲人小頰赤肩。盡十六人。

畢方鳥在其東，青水西，其爲鳥人面一脚。一曰在二八神東。

讙頭國在其南，其爲人人面有翼，鳥喙，方捕魚。一曰在畢方東。或曰讙朱國。

讙頭國

厭火國在其國南，獸身黑色，生火出其口中。一曰在讙朱東。

三株樹在厭火北，生赤水上，其爲樹如柏，葉皆爲珠。一曰其爲樹若彗。

三苗國在赤水東，其爲人相隨。一曰三毛國。

戴國在其東，其爲人黃，能操弓射蛇。一曰戴國在三毛東。

臷國

貫匈國

貫匈國在其東，其爲人匈有竅。一曰在臷國東。

交脛國在其東，其爲人交脛。一曰在穿匈東。

交脛國

不死民在其東，其爲人黑色，壽，不死。一曰在穿匈國東。

不死民

岐舌國在其東。一曰在不死民東。

昆侖虛在其東，虛四方。一曰在岐舌東，爲虛四方。

羿與鑿齒戰于壽華之野，羿射殺之。在昆侖虛東。羿持弓矢，鑿齒持盾，一曰戈。

三首國在其東，其爲人一身三首。一曰在鑿齒東。

周饒國在其東，其爲人短小，冠帶。一曰焦僥國在三首東。

長臂國在其東，捕魚水中，兩手各操一魚。一曰在焦僥東，捕魚海中。

長臂國

狄山，帝堯葬于陽，帝嚳葬于陰。爰有熊、羆、文虎、蜼、豹、離朱、視肉。吁咽、文王皆葬其所。一曰湯山。一曰爰有熊、羆、文虎、蜼、豹、離朱、鴟久、視肉、虖交。其范林方三百里。

南方祝融，獸身人面，乘兩龍。

祝融

海外西經

海外自西南陬至西北陬者。

滅蒙鳥在結匈國北，爲鳥青，赤尾。

大運山高三百仞，在滅蒙鳥北。

大樂之野，夏后啓于此儛九代；乘兩龍，雲蓋三層。左手操翳，右手操環，佩玉璜。在大運山北。一曰大遺之野。

夏后啓

三身國在夏后啓北，一首而三身。

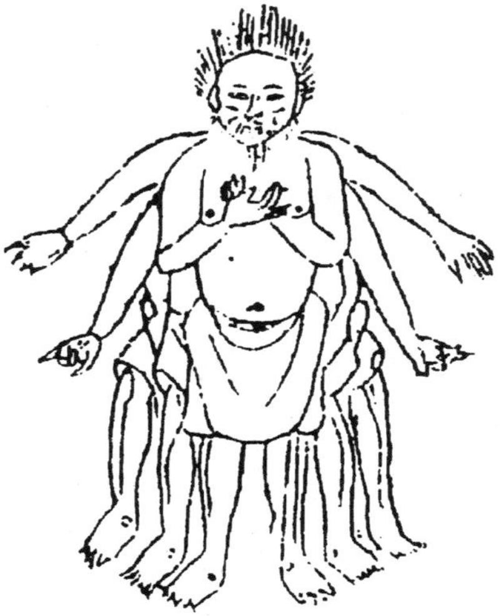

三身國

一臂國在其北，一臂一目一鼻孔。有黃馬，虎文，一目而一手。

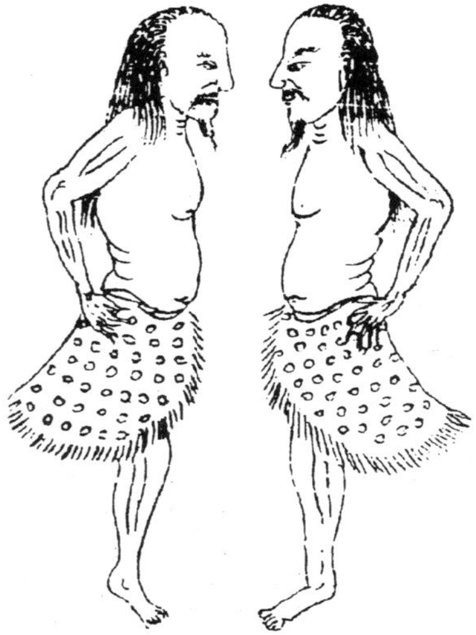

一臂國

奇肱之國在其北，其人一臂三目，有陰有陽，乘文馬。有鳥焉，兩頭，赤黃色，在其旁。

奇肱國

刑天與帝至此争神，帝斷其首，葬之常羊之山，乃以乳爲目，以臍爲口，操干戚以舞。

刑天

女祭、女戚在其北，居兩水間。戚操魚觛，祭操俎。

鵹鳥、鶬鳥，其色青黃，所經國亡。在女祭北。鵹鳥人面，居山上。一曰維鳥，青鳥、黃鳥所集。

鵹鳥

丈夫國在維鳥北，其爲人衣冠帶劍。

丈夫國

女丑之尸，生而十日炙殺之。在丈夫北。以右手鄣其面。十日居上，女丑居山之上。

巫咸國在女丑北，右手操青蛇，左手操赤蛇，在登葆山，群巫所從上下也。

并封在巫咸東，其狀如彘，前後皆有首，黑。

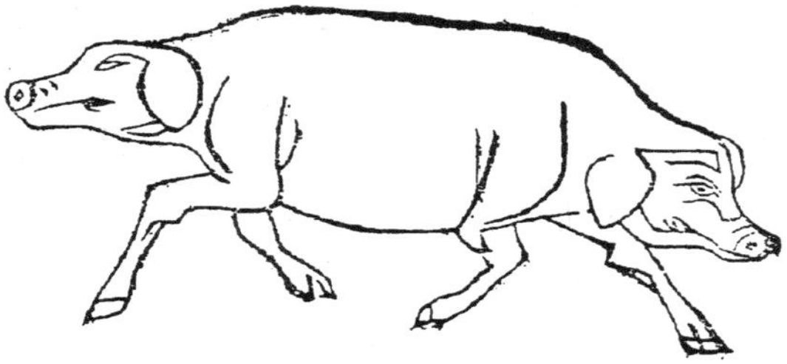

女子國在巫咸北，兩女子居，水周之。一曰居一門中。

軒轅之國在此窮山之際，其不壽者八百歲。在女子國北。人面蛇身，尾交首上。

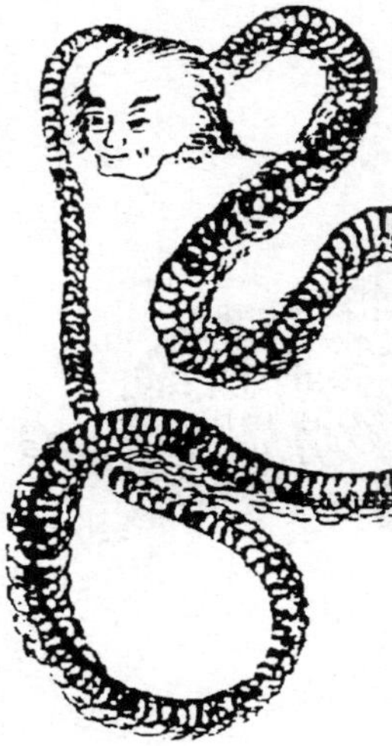

窮山在其北，不敢西射，畏軒轅之丘。在軒轅國北。其丘方，四蛇相繞。

此諸夭之野，鸞鳥自歌，鳳鳥自舞；鳳皇卵，民食之；甘露，民飲之，所欲自從也。百獸相與群居。在四蛇北。其人兩手操卵食之，兩鳥居前導之。

龍魚陵居在其北，狀如貍。一曰鰕。即有神聖乘此以行九野。一曰鼈魚在夭野北，其爲魚也如鯉。

龍魚

白民之國在龍魚北，白身被髮。有乘黃，其狀如狐，其背上有角，乘之壽二千歲。

乘黃

肅慎之國在白民北，有樹名曰雄常，先入伐帝，于此取之。

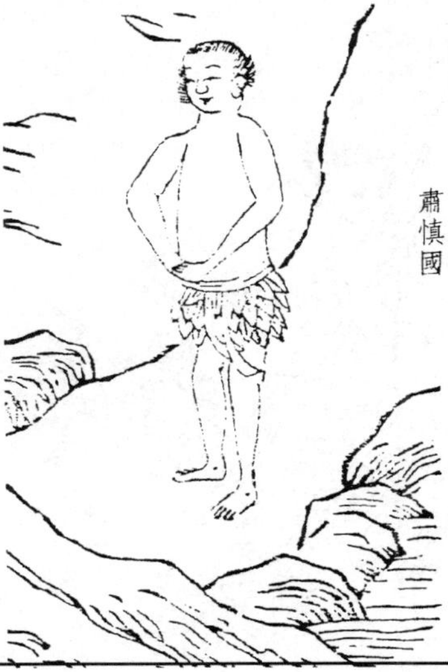

長股之國在雄常北，被髮。一曰長脚。

西方蓐收，左耳有蛇，乘兩龍。

海外北經

海外自東北陬至西北陬者。

無䏿之國在長股東，爲人無䏿。

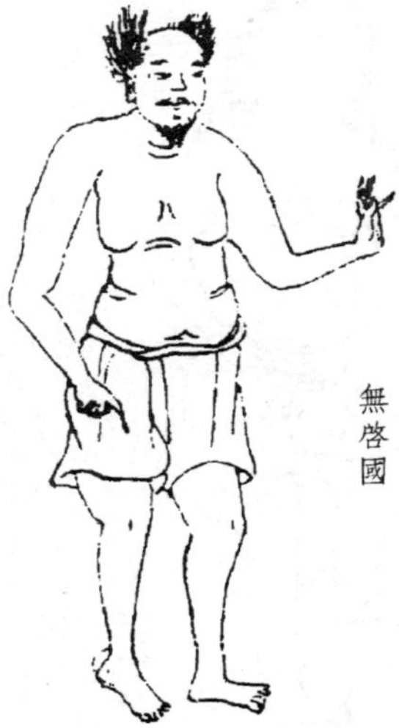

無啓國

鐘山之神，名曰燭陰，視爲晝，瞑爲夜，吹爲冬，呼爲夏，不飲，不食，不息，息爲風，身長千里。在無䏿之東。其爲物，人面，蛇身，赤色，居鐘山下。

燭陰

一目國在其東，一目中其面而居。一曰有手足。

一目國

柔利國在一目東，爲人一手一足，反厀，曲足居上。一云留利之國，人足反折。

柔利國

共工之臣曰相柳氏，九首，以食于九山。相柳之所抵，厥爲澤谿。禹殺相柳，其血腥，不可以樹五穀種。禹厥之，三仞三沮，乃以爲衆帝之臺。在昆侖之北，柔利之東。相柳者，九首人面，蛇身而青。不敢北射，畏共工之臺。臺在其東。臺四方，隅有一蛇，虎色，首衝南方。

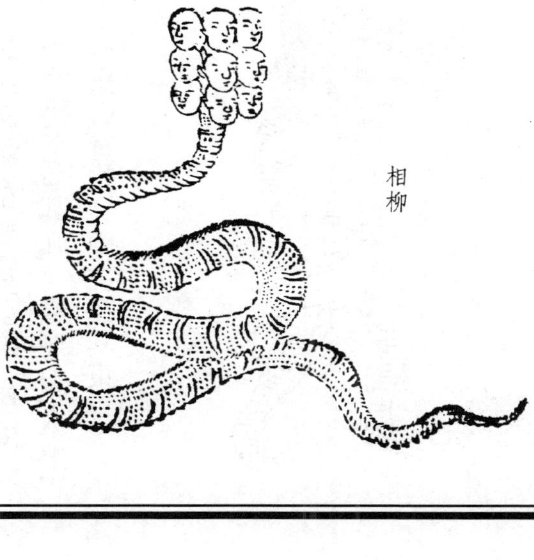

相柳

深目國在其東，爲人舉一手一目，在共工臺東。

無腸之國在深目東，其爲人長而無腸。

聶耳之國在無腸國東，使兩文虎，爲人兩手聶其耳。縣居海水中，及水所出入奇物。兩虎在其東。

聶耳國

夸父與日逐走，入日。渴欲得飲，飲于河渭；河渭不足，北飲大澤。未至，道渴而死。弃其杖，化爲鄧林。

夸父逐日

夸父國在聶耳東，其爲人大，右手操青蛇，左手操黃蛇。鄧林在其東，二樹木。一曰博父。

夸父國

禹所積石之山在其東，河水所入。

拘纓之國在其東，一手把纓。一曰利纓之國。

尋木長千里，在拘纓南，生河上西北。

跂踵國在拘纓東，其爲人兩足皆支。一曰反踵。

跂踵國

歐絲之野在大踵東，一女子跪據樹歐絲。

三桑無枝，在歐絲東，其木長百仞，無枝。

范林方三百里，在三桑東，洲環其下。

務隅之山，帝顓頊葬于陽，九嬪葬于陰。一曰爰有熊、羆、文虎、離朱、鴟久、視肉。

平丘在三桑東，爰有遺玉、青鳥、視肉、楊柳、甘柤、甘華，百果所生，有兩山夾上谷，二大丘居中，名曰平丘。

北海内有獸，其狀如馬，名曰騊駼。有獸焉，其名曰駮，狀如白馬，鋸

騊駼

牙，食虎豹。有素獸焉，狀如馬，名曰蛩蛩。有青獸焉，狀如虎，名曰羅羅。

北方禺彊，人面鳥身，珥兩青蛇，踐兩青蛇。

海外東經

海外自東南陬至東北陬者。

⿱髟差丘，爰有遺玉、青馬、視肉、揚柳、甘柤、甘華。甘果所生，在東海。兩山夾丘，上有樹木。一曰嗟丘。一曰百果所在，在堯葬東。

大人國在其北，爲人大，坐而削船。一曰在⿱髟差丘北。

奢比之尸在其北，獸身、人面、大耳，珥兩青蛇。一曰肝榆之尸在大人北。

奢比尸

君子國在其北，衣冠帶劍，食獸，使二文虎在旁，其人好讓不爭。有薰華草，朝生夕死。一曰在肝榆之尸北。

君子國

虹虹在其北，各有兩首。一曰在君子國北。

朝陽之谷，神曰天吴，是爲水伯。在虹虹北兩水間。其爲獸也，八首人面，八足八尾，皆青黄。

青丘國在其北，其狐四足九尾。一曰在朝陽北。

帝命竪亥步，自東極至于西極，五億十選九千八百步。竪亥右手把算，左手指青丘北。一曰禹令竪亥。一曰五億十萬九千八百步。

黑齒國在其北，爲人黑齒，食稻啖蛇，一赤一青，在其旁。一曰在竪亥北，爲人黑首，食稻使蛇，其一蛇赤。

黑齒國

下有湯谷。湯谷上有扶桑，十日所浴，在黑齒北。居水中，有大木，九日居下枝，一日居上枝。

雨師妾在其北，其爲人黑，兩手各操一蛇，左耳有青蛇，右耳有赤蛇。一曰在十日北，爲人黑身人面，各操一龜。

雨師妾

玄股之國在其北，其爲人衣魚食鷗，使兩鳥夾之。一曰在雨師妾北。

玄股國

毛民之國在其北，爲人身生毛。一曰在玄股北。

毛民國

勞民國在其北，其爲人黑。或曰教民。一曰在毛民北，爲人面目手足盡黑。

東方句芒，鳥身人面，乘兩龍。

建平元年四月丙戌，待詔太常屬臣望校治，侍中光禄勳臣龔、侍中奉車都尉光禄大夫臣秀領主省。

海内南經

海内東南陬以西者。

甌居海中。閩在海中，其西北有山。一曰閩中山在海中。

三天子鄣山在閩西海北。一曰在海中。

桂林八樹在番隅東。

伯慮國、離耳國、雕題國、北朐國皆在鬱水南。鬱水出湘陵南海。一曰相慮。

梟陽國在北朐之西，其爲人人面長脣，黑身有毛，反踵，見人笑則笑，左手操管。

梟陽國

兕在舜葬東，湘水南，其狀如牛，蒼黑，一角。

蒼梧之山，帝舜葬于陽，帝丹朱葬于陰。

氾林方三百里，在狌狌東。

狌狌知人名，其爲獸如豕而人面，在舜葬西。

狌狌西北有犀牛，其狀如牛而黑。

夏后啓之臣曰孟涂，是司神于巴。人請訟于孟涂之所，其衣有血者乃執之，是請生。居山上，在丹山西。丹山在丹陽南，丹陽居屬也。

窫窳龍首，居弱水中，在狌狌知人名之西，其狀如龍首，食人。

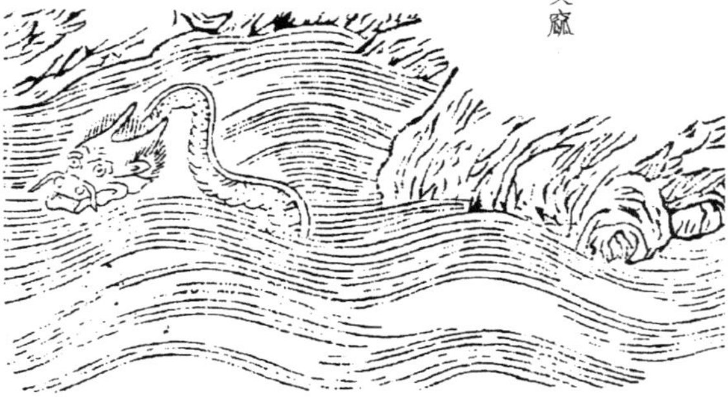
窫窳

有木，其狀如牛，引之有皮，若纓、黄蛇。其葉如羅，其實如欒，其木若蓲，其名曰建木。在窫窳西弱水上。

氐人國在建木西，其爲人人面而魚身，無足。

巴蛇食象，三歲而出其骨，君子服之，無心腹之疾。其爲蛇青黃赤黑。一曰黑蛇青首，在犀牛西。

巴蛇

旄馬，其狀如馬，四節有毛。在巴蛇西北，高山南。

匈奴、開題之國、列人之國並在西北。

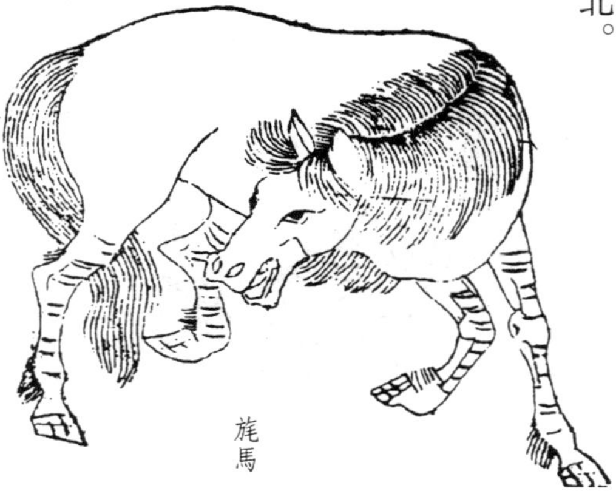

旄馬

海内西經

海内西南陬以北者。

貳負之臣曰危，危與貳負殺窫窳。帝乃梏之疏屬之山，桎其右足，反縛兩手與髮，繫之山上木。在開題西北。

大澤方百里，群鳥所生及所解。在雁門北。

雁門山，雁出其間，在高柳北。

高柳在代北。

后稷之葬，山水環之。在氐國西。

流黃酆氏之國，中方三百里；有塗四方，中有山，至后稷葬西。

流沙出鐘山，西行又南行昆侖之虛，西南入海黑水之山。

東胡在大澤東。

夷人在東胡東。

貊國在漢水東北。地近于燕，滅之。

孟鳥在貊國東北，其鳥文赤、黃、青，東鄉。

海内昆侖之虛，在西北，帝之下都。昆侖之虛，方八百里，高萬仞。上有木禾，長五尋，大五圍。面有九井，以玉爲檻。面有九門，門有開明獸守之，百神之所在。在八隅之巖，赤水之際，非仁羿莫能上岡之巖。

赤水出東南隅，以行其東北。西

南流注南海厭火東。

河水出東北隅，以行其北，西南又入渤海，又出海外，即西而北，入禹所導積石山。

洋水、黑水出西北隅，以東，東行，又東北，南入海，羽民南。

弱水、青水出西南隅，以東，又北，又西南，過畢方鳥東。

昆侖南淵深三百仞。開明獸身大類虎而九首，皆人面，東嚮立昆侖上。

開明獸

開明西有鳳皇、鸞鳥，皆戴蛇踐蛇，膺有赤蛇。

鳳皇

開明北有視肉、珠樹、文玉樹、玗琪樹、不死樹。鳳皇、鸞鳥皆戴瞂。又有離朱、木禾、柏樹、甘水、聖木曼兑，一曰挺木牙交。

開明東有巫彭、巫抵、巫陽、巫履、巫凡、巫相，夾窫窳之尸，皆操不死之藥以距之。窫窳者，蛇身人面，貳負臣所殺也。

窫窳

服常樹，其上有三頭人，伺琅玕樹。

三頭人

開明南有樹鳥，六首蛟、蝮、蛇、蜼、豹、鳥秩樹，于表池樹木，誦鳥、鶽、視肉。

海内北經

海内西北陬以東者。

蛇巫之山，上有人操柸而東向立。一曰龜山。

西王母梯几而戴勝杖，其南有三青鳥，爲西王母取食。在昆侖虚北。

貳負之臣曰危，危與貳負殺窫窳。帝乃梏之疏屬之山，桎其右足，反縛兩手，繫之山上木。在開題西北。

有人曰大行伯，把戈。其東有犬封國。貳負之尸在大行伯東。

犬封國曰犬戎國，狀如犬。有一女子，方跪進柸食。有文馬，縞身朱

鬣，目若黃金，名曰吉量，乘之壽千歲。

鬼國在貳負之尸北，爲物人面而

一目。一曰貳負神在其東，爲物人面蛇身。

蜪犬如犬，青，食人從首始。

窮奇狀如虎，有翼，食人從首始，所食被髮，在蜪犬北。一曰從足。

帝堯臺、帝嚳臺、帝丹朱臺、帝舜臺，各二臺，臺四方，在昆侖東北。

大蠭其狀如螽。朱蛾其狀如蛾。

蟜，其爲人虎文，脛有䏿。在窮奇東。一曰，狀如人。昆侖虛北所有。

闒非，人面而獸身，青色。

據比之尸，其爲人折頸被髮，無一手。

環狗，其爲人獸首人身。一曰蝟狀如狗，黄色。

袜，其爲物人身黑首從目。

戎，其爲人人首三角。

林氏國有珍獸，大若虎，五采畢具，尾長于身，名曰騶吾，乘之日行千里。

騶吾

昆侖虛南所，有氾林方三百里。

從極之淵深三百仞，維冰夷恒都焉。冰夷人面，乘兩龍。一曰忠極之淵。

陽汙之山，河出其中；凌門之山，河出其中。

王子夜之尸，兩手、兩股、胸、首、齒，皆斷異處。

舜妻登比氏生宵明、燭光，處河大澤，二女之靈能照此所方百里。一曰登北氏。

蓋國在鉅燕南，倭北。倭屬燕。

朝鮮在列陽東，海北山南。列陽屬燕。

列姑射在海河州中。

射姑國在海中，屬列姑射。西南，山環之。

列姑射山

大蟹在海中。

大蟹

陵魚人面，手足，魚身，在海中。

陵魚

大鯾居海中。
明組邑居海中。
蓬萊山在海中。
大人之市在海中。

蓬萊山

海内東經

海内東北陬以南者。

鉅燕在東北陬。

國在流沙中者埻端、璽㬇，在昆侖虚東南。一曰海内之郡，不爲郡縣，在流沙中。

國在流沙外者，大夏、竪沙、居繇、月支之國。

西胡白玉山在大夏東，蒼梧在白玉山西南，皆在流沙西，昆侖虚東南。昆侖山在西胡西，皆在西北。

雷澤中有雷神，龍身而人頭，鼓其腹。在吴西。

雷神

都州在海中，一曰郁州。琅邪臺在渤海間，琅邪之東。其北有山。一曰在海間。

韓雁在海中，都州南。

始鳩在海中，轅厲南。

會稽山在大楚南。

岷三江：首大江出汶山，北江出曼山，南江出高山。高山在城都西。入海，在長州南。浙江出三天子都，在其東。在閩西北，入海，餘暨南。廬江出三天子都，入江，彭澤西。一曰天子鄣。淮水出餘山，餘山在朝陽東，義鄉西，入海，淮浦北。湘水出舜葬東南陬，西環之。入洞庭下。一曰東南西澤。漢水出鮒魚之山，帝顓頊葬于陽，九嬪葬于陰，四蛇衛之。濛水出漢陽西，入江，聶陽西。温水出崆峒，崆峒山在臨汾南，入河，華陽北。潁水出少室，少室山在雍氏南，入淮西鄢北。一曰緱氏。汝水出天息山，在梁勉鄉西南，入淮極西北。一曰淮在期思北。涇水出長城北山，山在郁郅長垣北，北入渭，戲北。渭水出鳥鼠同穴山，東注河，入華陰北。白水出蜀，而東南注江，入江州城下。沅水出象郡鐔城西，東注江，入下雋西，合洞庭中。贛水出聶都東山，東北注江，入彭澤西。泗水出魯東北，而南，西南過湖陵西，而東南注東海，入淮陰北。鬱水出象郡，而西南注南海，入須陵東南。肄水出臨晋西南，而東南注海，入番禺西。潢水出桂陽西北山，東南注肄水，入敦浦西。洛水出洛西山，東北注河，入成皋西。汾水出上窳北，而西南注河，入皮氏南。沁水出井陘山東，東南注河。入懷東南。濟水出共山南東丘，絶鉅鹿澤，注渤海，入齊琅槐東北。潦水出衛皋東，東南注渤海，入潦陽。虖沱水出晋陽城南，而西至陽曲北，而東注渤海，入章武北。漳水出山陽東，東注渤海，入章武南。

建平元年四月丙戌，待詔太常屬臣望校治，侍中光禄勳臣龔、侍中奉車都尉光禄大夫臣秀領主省。

大荒東經

東海之外大壑，少昊之國。少昊孺帝顓頊于此，棄其琴瑟。有甘山者，甘水出焉，生甘淵。

大荒東南隅有山，名皮母地丘。

東海之外，大荒之中，有山名曰大言，日月所出。

有波谷山者，有大人之國。有大人之市，名曰大人之堂。有一大人踆其上，張其兩耳。

有小人國，名靖人。

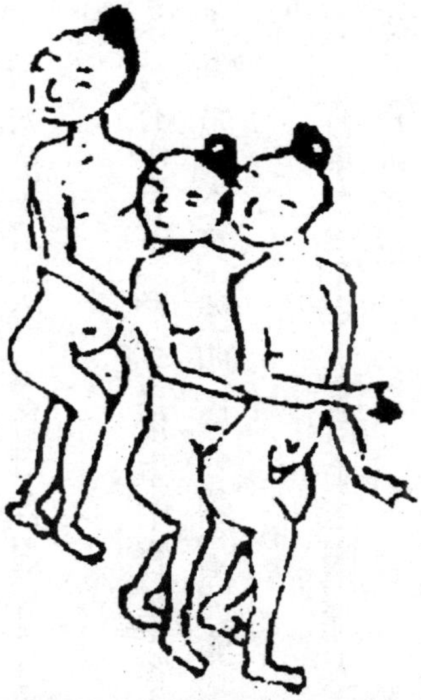

小人國

有神，人面獸身，名曰犁䰠之尸。

犁䰠之尸

有潏山，楊水出焉。

有蔿國，黍食，使四鳥：虎、豹、熊、羆。

大荒之中，有山名曰合虛，日月所出。

有中容之國。帝俊生中容，中容人食獸、木實，使四鳥：豹、虎、熊、羆。

有東口之山。有君子之國，其人衣冠帶劍。

有司幽之國。帝俊生晏龍，晏龍生司幽，司幽生思士，不妻；思女，不夫。食黍，食獸，是使四鳥。

有大阿之山者。

大荒中有山，名曰明星，日月所出。

有白民之國。帝俊生帝鴻，帝鴻生白民，白民銷姓，黍食，使四鳥：虎、豹、熊、羆。

有青丘之國，有狐，九尾。

有柔僕民，是維嬴土之國。

有黑齒之國。帝俊生黑齒，姜姓，黍食，使四鳥。

有夏州之國。有蓋余之國。

有神人，八首人面，虎身十尾，名曰天吴。

大荒之中，有山名曰鞠陵于天、東極、離瞀，日月所出。名曰折丹——東方曰折，來風曰俊——處東極以出入風。

折丹

東海之渚中，有神，人面鳥身，珥兩黃蛇，踐兩黃蛇，名曰禺虢。黃帝生禺虢，禺虢生禺京。禺京處北海，禺虢處東海，是惟海神。

禺虢

有招搖山，融水出焉。有國曰玄股，黍食，使四鳥。

有困民國，勾姓而食。有人曰王亥，兩手操鳥，方食其頭。王亥託于有易、河伯僕牛。有易殺王亥，取僕牛。河伯念有易，有易潛出，爲國于獸，方食之，名曰搖民。帝舜生戲，戲生搖民。

王亥

海内有兩人，名曰女丑。女丑有大蟹。

大荒之中，有山名曰孽摇頵羝，上有扶木，柱三百里，其葉如芥。有谷曰温源谷。湯谷上有扶木，一日方至，一日方出，皆載于烏。

有神，人面、犬耳、獸身，珥兩青蛇，名曰奢比尸。

有五采之鳥，相鄉棄沙。惟帝俊下友。帝下兩壇，采鳥是司。

五采鳥

大荒之中，有山名曰猗天蘇門，日月所生。

有壎民之國。有綦山。又有摇山。有䰝山。又有門户山。又有盛山。又有待山。有五采之鳥。

東荒之中，有山名曰壑明俊疾，日月所出。有中容之國。

東北海外，又有三青馬、三騅、甘華。爰有遺玉、三青鳥、三騅、視肉、甘華、甘柤，百穀所在。

有女和月母之國。有人名曰䳟，北方曰䳟，來之風曰狻，是處東極隅以止日月，使無相間出没，司其短長。

䳟

大荒東北隅中，有山名曰凶犁土丘。應龍處南極，殺蚩尤與夸父，不得復上。故下數旱，旱而爲應龍之狀，乃得大雨。

應龍

東海中有流波山，入海七千里。其上有獸，狀如牛，蒼身而無角，一足，出入水則必風雨，其光如日月，其聲如雷，其名曰夔。黃帝得之，以其皮爲鼓，橛以雷獸之骨，聲聞五百里，以威天下。

夔

大荒南經

南海之外，赤水之西，流沙之東，有獸，左右有首，名曰跊踢。有三青獸相并，名曰雙雙。

跊踢

雙雙

有阿山者。南海之中，有氾天之山，赤水窮焉。

赤水之東，有蒼梧之野，舜與叔均之所葬也。爰有文貝、離俞、鴟久、鷹、賈、委維、熊、羆、象、虎、豹、狼、視肉。

狼

有榮山，榮水出焉。黑水之南，有玄蛇，食麈。

有巫山者，西有黃鳥。帝藥，八齋。黃鳥于巫山，司此玄蛇。

黃鳥

大荒之中，有不庭之山，榮水窮焉。有人三身，帝俊妻娥皇，生此三身之國，姚姓，黍食，使四鳥。有淵四方，四隅皆達，北屬黑水，南屬大荒，北旁名曰少和之淵，南旁名曰從淵，舜之所浴也。

又有成山，甘水窮焉。有季禺之國，顓頊之子，食黍。有羽民之國，其民皆生毛羽。有卵民之國，其民皆生卵。

大荒之中，有不姜之山，黑水窮焉。又有賈山，汔水出焉。又有言山。又有登備之山。有恝恝之山。又有蒲山，澧水出焉。又有隗山，其西有丹，其東有玉。又南有山，漂水出焉。有尾山。有翠山。

有盈民之國，於姓，黍食。又有人方食木葉。

盈民國

有不死之國，阿姓，甘木是食。

大荒之中，有山名曰去痓。南極果，北不成，去痓果。

南海渚中，有神，人面，珥兩青蛇，踐兩赤蛇，曰不廷胡余。

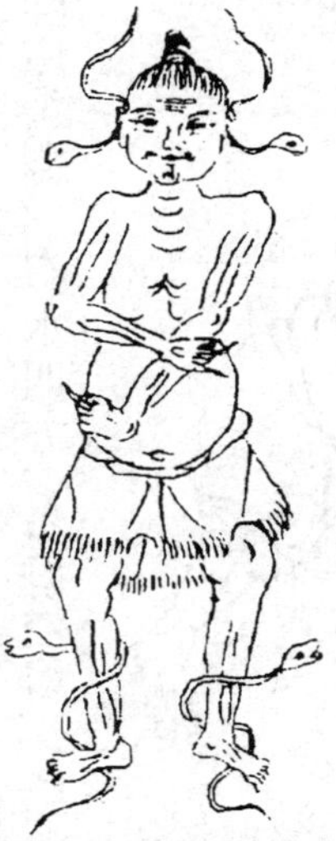

不廷胡余

有神名曰因因乎，南方曰因乎，夸風曰乎民，處南極以出入風。

因因乎

有襄山。又有重陰之山。有人食獸，曰季釐。帝俊生季釐，故曰季釐之國。有緡淵。少昊生倍伐，倍伐降處緡淵。有水四方，名曰俊壇。

季釐國

有臷民之國。帝舜生無淫，降臷處，是謂巫臷民。巫臷民盼姓，食穀，不績不經，服也；不稼不穡，食也。爰有歌舞之鳥，鸞鳥自歌，鳳鳥自舞。爰有百獸，相群爰處。百穀所聚。

大荒之中，有山名曰融天，海水南入焉。

有人曰鑿齒，羿殺之。

有蜮山者，有蜮民之國，桑姓，食黍，射蜮是食。有人方扜弓射黃蛇，名曰蜮人。

有宋山者，有赤蛇，名曰育蛇。有木生山上，名曰楓木。楓木，蚩尤所棄其桎梏，是爲楓木。

育蛇

有人方齒虎尾，名曰祖狀之尸。

祖狀之尸

有小人，名曰焦僥之國，幾姓，嘉穀是食。

大荒之中，有山名㱏塗之山，青水窮焉。有雲雨之山，有木名曰欒。禹攻雲雨，有赤石焉生欒，黃本，赤枝，青葉，群帝焉取藥。

有國曰顓頊，生伯服，食黍。有鼬姓之國。有苕山。又有宗山。又有姓山，又有壑山。又有陳州山。又有東州山。又有白水山，白水出焉，而生白淵，昆吾之師所浴也。

有人名曰張弘，在海上捕魚。海中有張弘之國，食魚，使四鳥。

有人焉，鳥喙，有翼，方捕魚于海。大荒之中，有人名曰驩頭。鯀妻士敬，士敬子曰炎融，生驩頭。驩頭人面鳥喙，有翼，食海中魚，杖翼而行。維宜芑苣，穋楊是食。有驩頭之國。

帝堯、帝嚳、帝舜葬于岳山。爰有文貝、離俞、鴟久、鷹、延維、視肉、熊、羆、虎、豹；朱木，赤枝，青華，玄實。有申山者。

大荒之中，有山名曰天臺高山，海水南入焉。

東南海之外，甘水之間，有羲和之國。有女子名曰羲和，方日浴于甘淵。羲和者，帝俊之妻，生十日。

有蓋猶之山者，其上有甘柤，枝幹皆赤，黃葉，白華，黑實。東又有甘華，枝幹皆赤，黃葉。有青馬，有赤馬，名曰三騅。有視肉。

有小人名曰菌人。

有南類之山，爰有遺玉、青馬、三騅、視肉、甘華，百穀所在。

大荒西經

西北海之外，大荒之隅，有山而不合，名曰不周負子，有兩黃獸守之。有水曰寒暑之水。水西有濕山，水東有幕山。有禹攻共工國山。

不周山兩黃獸

有國名曰淑士，顓頊之子。

有神十人，名曰女媧之腸，化爲神，處栗廣之野，橫道而處。

女媧之腸十人

有人名曰石夷，來風曰韋，處西北隅以司日月之長短。

石夷

有五采之鳥，有冠，名曰狂鳥。有大澤之長山。有白氏之國。

狂鳥

西北海之外，赤水之東，有長脛之國。

有西周之國，姬姓，食穀。有人方耕，名曰叔均。帝俊生后稷，稷降以百穀。稷之弟曰台璽，生叔均。叔均是代其父及稷播百穀，始作耕。有赤國妻氏。有雙山。

西海之外，大荒之中，有方山者，上有青樹，名曰柜格之松，日月所出入也。

西北海之外，赤水之西，有先民之國。食穀，使四鳥。

有北狄之國。黃帝之孫曰始均，始均生北狄。

北狄

有芒山。有桂山。有榣山。其上有人，號曰太子長琴。顓頊生老童，老童生祝融，祝融生太子長琴，是處榣山，始作樂風。

太子長琴

有五采鳥三名：一曰皇鳥，一曰鸞鳥，一曰鳳鳥。

有蟲狀如菟，胸以後者裸不見，青如猨狀。

蟲狀如菟

大荒之中，有山名曰豐沮玉門，日月所入。

有靈山，巫咸、巫即、巫肦、巫彭、巫姑、巫真、巫禮、巫抵、巫謝、巫羅十巫，從此升降，百藥爰在。

十巫

有西王母之山、壑山、海山。有沃之國，沃民是處。沃之野，鳳鳥之卵是食，甘露是飲。凡其所欲，其味盡存。爰有甘華、甘柤、白柳、視肉、三騅、璇瑰、瑶碧、白木、琅玕、白丹、青丹，多銀鐵。鸞鳳自歌，鳳鳥自舞，爰有百獸，相群是處，是謂沃之野。

有三青鳥，赤首黑目，一名曰大鵹，一名曰少鵹，一名曰青鳥。

有軒轅之臺，射者不敢西鄉，畏軒轅之臺。

大荒之中，有龍山，日月所入。有三澤水，名曰三淖，昆吾之所食也。

有人衣青，以袂蔽面，名曰女丑

之尸。

有女子之國。

有桃山。有宝山。有桂山。有于土山。

有丈夫之國。

有弇州之山，五采之鳥仰天，名曰鳴鳥。爰有百樂歌儛之風。

鳴鳥

有軒轅之國。江山之南棲爲吉。不壽者乃八百歲。

西海陼中，有神人面鳥身，珥兩青蛇，踐兩赤蛇，名曰弇兹。

弇兹

大荒之中，有山名曰日月山，天樞也。吴姖天門，日月所入。有神，人面無臂，兩足反屬于頭山，名曰噓。顓頊生老童，老童生重及黎，帝令重

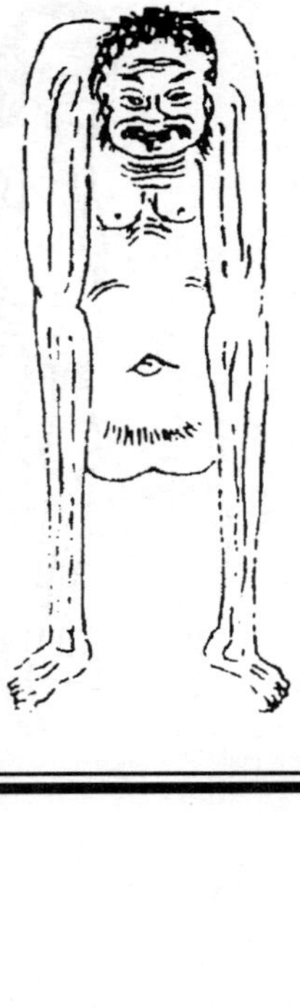

噓

獻上天，令黎卬下地，下地是生噎，處于西極，以行日月星辰之行次。

有人反臂，名曰天虞。

有女子方浴月。帝俊妻常羲，生月十有二，此始浴之。

常羲浴月

有玄丹之山。有五色之鳥，人面有髮。爰有青鴍、黃鷔，青鳥、黃鳥，其所集者其國亡。

五色鳥

有池名孟翼之攻顓頊之池。

大荒之中，有山，名曰鏖鏊鉅，日月所入者。

有獸，左右有首，名曰屏蓬。

屏蓬

有巫山者。有壑山者。有金門之山，有人名曰黃姖之尸。有比翼之鳥。有白鳥，青翼，黃尾，玄喙。有赤

白鳥

犬，名曰天犬，其所下者有兵。

西海之南，流沙之濱，赤水之後，黑水之前，有大山，名曰昆侖之丘。有神，人面虎身，有文有尾，皆白處之。其下有弱水之淵環之，其外有炎火之山，投物輒然。有人，戴勝，虎齒，有豹尾，穴處，名曰西王母。此山萬物盡有。

大荒之中，有山名曰常陽之山，日月所入。

有寒荒之國。有二人女祭、女薎。

有壽麻之國。南嶽取州山女，名曰女虔。女虔生季格，季格生壽麻。壽麻正立無景，疾呼無響。爰有大暑，不可以往。

有人無首，操戈盾立，名曰夏耕之尸。故成湯伐夏桀于章山，克之，斬耕厥前。耕既立，無首，丟厥咎，乃降于巫山。

夏耕之尸

有人名曰吴回，奇左，是無右臂。

有蓋山之國。有樹，赤皮支幹，青葉，名曰朱木。

有一臂民。

大荒之中，有山名曰大荒之山，日月所入。有人焉三面，是顓頊之子，三面一臂，三面之人不死，是謂大荒之野。

三面人

西南海之外，赤水之南，流沙之西，有人珥兩青蛇，乘兩龍，名曰夏后開。開上三嬪于天，得《九辯》與《九歌》以下。此天穆之野，高二千仞，開焉得始歌《九招》。

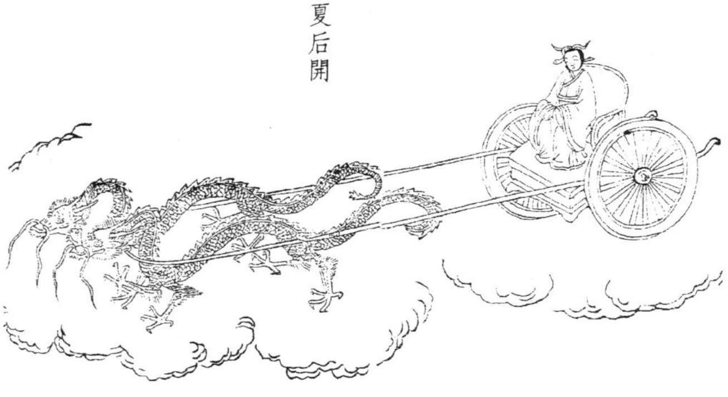

有氐人之國。炎帝之孫名曰靈恝，靈恝生氐人，是能上下于天。

氐人

有魚偏枯，名曰魚婦。顓頊死即復蘇。風道北來，天乃大水泉，蛇乃化爲魚，是爲魚婦。顓頊死即復蘇。

魚婦

有青鳥，身黃，赤足，六首，名曰鸀鳥。

有大巫山。有金之山。西南，大荒之中隅，有偏句、常羊之山。

大荒北經

東北海之外，大荒之中，河水之間，附禺之山，帝顓頊與九嬪葬焉。爰有鴟久、文貝、離俞、鸞鳥、皇鳥、大物、小物。有青鳥、琅鳥、玄鳥、黃鳥、虎、豹、熊、羆、黃蛇、視肉、璿瑰、瑶碧，皆出衛于山。丘方員三百里，丘南帝俊竹林在焉，大可爲舟。竹南有赤澤水，名曰封淵。有三桑無枝。丘西有沈淵，顓頊所浴。

有胡不與之國，烈姓，黍食。

大荒之中，有山，名曰不咸。有肅慎氏之國。有蜚蛭，四翼。有蟲，獸首蛇身，名曰琴蟲。

琴蟲

蜚蛭

有人名曰大人，有大人之國，釐姓，黍食。有大青蛇，黄頭，食麈。有榆山。有鯀攻程州之山。大荒之中，有山名曰衡天。有先民之山。有槃木千里。

有叔歜國，顓頊之子，黍食，使四鳥：虎、豹、熊、羆。有黑蟲如熊狀，名曰猎猎。

猎猎

有北齊之國，姜姓，使虎、豹、熊、羆。

大荒之中，有山名曰先檻大逢之山，河濟所入，海北注焉。其西有山，名曰禹所積石。

有陽山者。有順山者，順水出焉。

有始州之國，有丹山。

有大澤方千里，群鳥所解。

有毛民之國，依姓，食黍，使四鳥。禹生均國，均國生役采，役采生修鞈，修鞈殺綽人。帝念之，潛爲之國，是此毛民。

有儋耳之國，任姓，禺號子，食穀。北海之渚中，有神，人面鳥身，珥

儋耳國

兩青蛇，踐兩赤蛇，名曰禺彊。

大荒之中，有山名曰北極天櫃，海水北注焉。有神，九首人面鳥身，

名曰九鳳。又有神銜蛇操蛇，其狀虎首人身，四蹄長肘，名曰彊良。

大荒之中，有山名曰成都載天。有人珥兩黃蛇，把兩黃蛇，名曰夸父。后土生信，信生夸父。夸父不量力，欲追日景，逮之于禺谷。將飲河而不足也，將走大澤，未至，死于此。應龍已殺蚩尤，又殺夸父，乃去南方處之，故南方多雨。

又有無腸之國，是任姓，無繼子，食魚。

共工臣名曰相繇，九首蛇身，自環，食于九土。其所歍所尼，即爲源澤，不辛乃苦，百獸莫能處。禹湮洪水，殺相繇，其血腥臭，不可生穀，其地多水，不可居也。禹湮之，三仞三沮，乃以爲池，群帝是因以爲臺。在昆侖之北。

有岳之山，尋竹生焉。

大荒之中，有山名曰不句，海水北入焉。

有係昆之山者，有共工之臺，射者不敢北鄉。有人衣青衣，名曰黃帝女魃。蚩尤作兵伐黃帝，黃帝乃令應龍攻之冀州之野。應龍畜水，蚩尤請風伯雨師，縱大風雨。黃帝乃下天女曰魃，雨止，遂殺蚩尤。魃不得復上，

黃帝女魃

所居不雨。叔均言之帝，後置之赤水之北。叔均乃爲田祖。魃時亡之。所欲逐之者，令曰：『神北行！』先除水道，決通溝瀆。

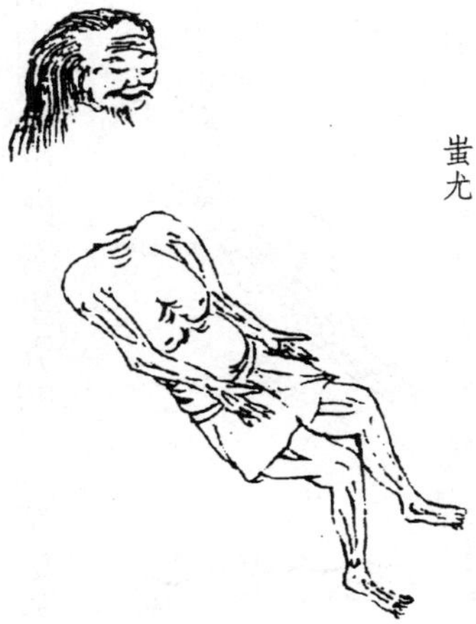

蚩尤

有人方食魚，名曰深目民之國，盼姓，食魚。

有鐘山者。有女子衣青衣，名曰赤水女子獻。

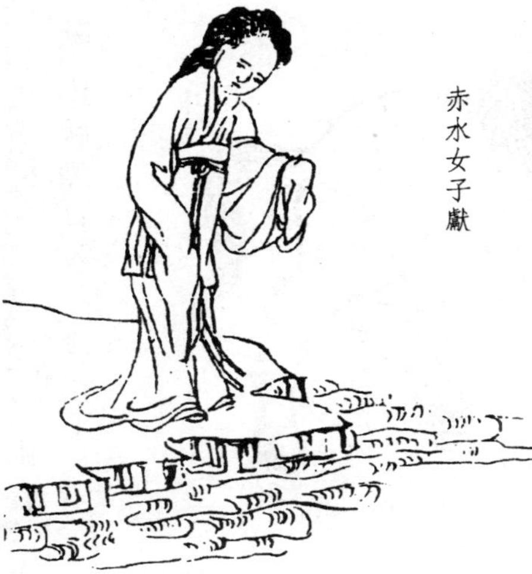

赤水女子獻

大荒之中，有山名曰融父山，順水入焉。有人名曰犬戎。黃帝生苗龍，苗龍生融吾，融吾生弄明，弄明生白犬，白犬有牝牡，是爲犬戎，肉食。有赤獸，馬狀無首，名曰戎宣王尸。

戎宣王尸

有山名曰齊州之山、君山、鬵山、鮮野山、魚山。

有人一目，當面中生，一曰是威姓，少昊之子，食黍。

威姓少昊之子

有繼無民，繼無民任姓，無骨子，食氣、魚。

西北海外，流沙之東，有國曰中輸，顓頊之子，食黍。

有國名曰賴丘。有犬戎國。有神，人面獸身，名曰犬戎。

西北海外，黑水之北，有人有翼，名曰苗民。顓頊生驩頭，驩頭生苗民，苗民釐姓，食肉。有山名曰章山。

大荒之中，有衡石山、九陰山、洞野之山，上有赤樹、青葉、赤華，名曰若木。

有牛黎之國。有人無骨，儋耳之子。

西北海之外，赤水之北，有章尾山。有神，人面蛇身而赤，直目正乘，其瞑乃晦，其視乃明，不食不寢不息，風雨是謁。是燭九陰，是謂燭龍。

海内經

東海之内，北海之隅，有國名曰朝鮮、天毒，其人水居，偎人愛之。

西海之内，流沙之中，有國名曰壑市。

西海之内，流沙之西，有國名曰氾葉。

流沙之西，有鳥山者，三水出焉。爰有黄金、璿瑰、丹貨、銀、鐵，皆流于此中。又有淮山，好水出焉。

流沙之東，黑水之西，有朝雲之國、司彘之國。黄帝妻雷祖，生昌意，昌意降處若水，生韓流。韓流擢首、謹耳、人面、豕喙、麟身、渠股、豚止，取淖子曰阿女，生帝顓頊。

韓流

流沙之東，黑水之間，有山名不死之山。

華山青水之東，有山名曰肇山，有人名曰柏高，柏高上下于此，至于天。

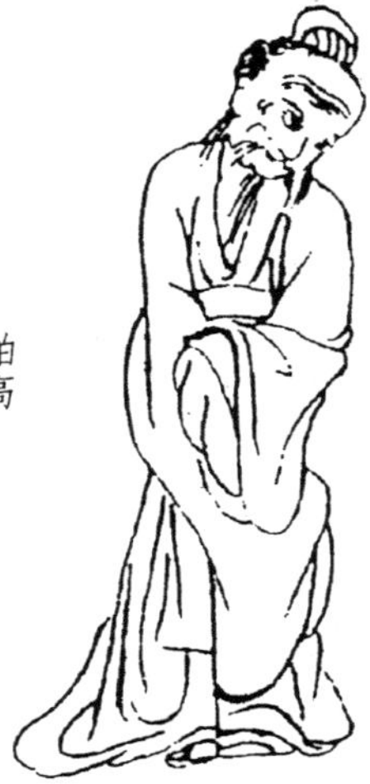

西南黑水之間，有都廣之野，后稷葬焉。爰有膏菽、膏稻、膏黍、膏稷，百穀自生，冬夏播琴。鸞鳥自歌，鳳鳥自儛，靈壽實華，草木所聚。爰有百獸，相群爰處。此草也，冬夏不死。

南海之內，黑水青水之間，有木名曰若木，若水出焉。

有禺中之國。有列襄之國。有靈山，有赤蛇在木上，名曰蝡蛇，木食。

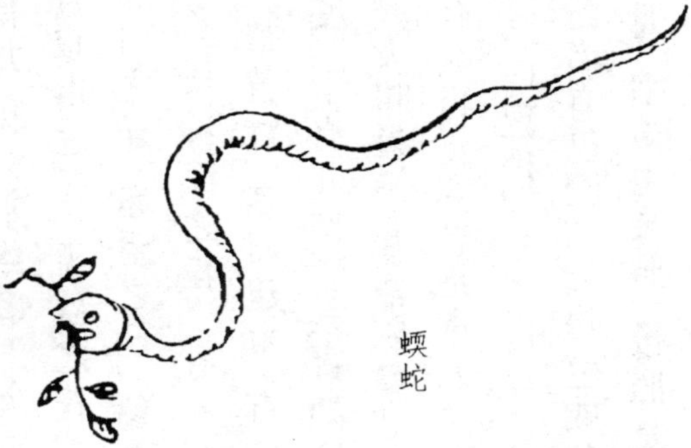

蝡蛇

有鹽長之國。有人焉鳥首，名曰鳥氏。

鳥氏

有九丘，以水絡之：名曰陶唐之丘、有叔得之丘、孟盈之丘、昆吾之丘、黑白之丘、赤望之丘、參衛之丘、武夫之丘、神民之丘。有木，青葉紫莖，玄華黄實，名曰建木，百仞無枝，有九欘，下有九枸。其實如麻，其葉如芒。大皞爰過，黄帝所爲。

有窫窳，龍首，是食人。有青獸，人面，名曰猩猩。

西南有巴國。大皞生咸鳥，咸鳥生乘釐，乘釐生後照，後照是始爲巴人。

有國名曰流黄辛氏，其域中方三百里，其出是塵土。有巴遂山，澠水出焉。

又有朱卷之國。有黑蛇，青首，食象。

黑蛇

南方有贛巨人，人面長臂，黑身有毛，反踵，見人笑亦笑，脣蔽其面，因即逃也。

又有黑人，虎首鳥足，兩手持蛇，方啗之。

黑人

有嬴民，鳥足。有封豕。

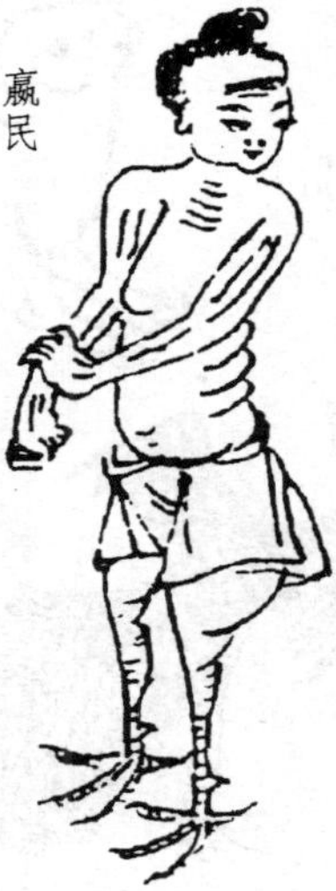

嬴民

封豕

有人曰苗民。有神焉，人首蛇身，長如轅，左右有首，衣紫衣，冠旃冠，名曰延維，人主得而饗食之，伯天下。

延維

有鸞鳥自歌，鳳鳥自舞。鳳鳥首文曰德，翼文曰順，膺文曰仁，背文曰義，見則天下和。

又有青獸如菟，名曰菌狗。有翠鳥。有孔鳥。

菌狗

孔鳥

南海之内，有衡山，有菌山，有桂山。有山名三天子之都。

南方蒼梧之丘，蒼梧之淵，其中有九嶷山，舜之所葬，在長沙零陵界中。

北海之内，有蛇山者，蛇水出焉，東入于海。有五采之鳥，飛蔽一鄉，名曰翳鳥。又有不距之山，巧倕葬其西。

翳鳥

北海之內，有反縛盜械、帶戈常倍之佐，名曰相顧之尸。

相顧尸

伯夷父生西岳，西岳生先龍，先龍是始生氐羌，氐羌乞姓。

氐羌

北海之内，有山名曰幽都之山，黑水出焉。其上有玄鳥、玄蛇、玄豹、

玄虎、玄狐蓬尾。有大玄之山。有玄

丘之民。有大幽之國。有赤脛之民。

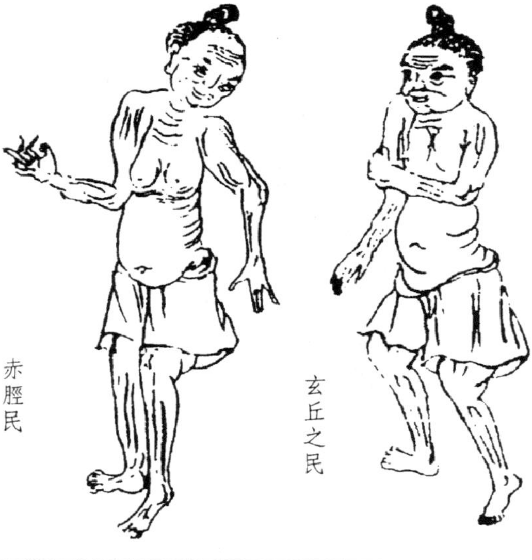

有釘靈之國，其民從膝已下有毛，馬蹄善走。

炎帝之孫伯陵，伯陵同吴權之妻阿女緣婦，緣婦孕三年，是生鼓、延、殳。始爲侯，鼓、延是始爲鍾，爲樂風。

黄帝生駱明，駱明生白馬，白馬是爲鯀。

帝俊生禺號，禺號生淫梁，淫梁生番禺，是始爲舟。番禺生奚仲，奚仲生吉光，吉光是始以木爲車。

少皞生般，般是始爲弓矢。

帝俊賜羿彤弓素矰，以扶下國，羿是始去恤下地之百艱。

帝俊生晏龍，晏龍是爲琴瑟。

帝俊有子八人，是始爲歌舞。

帝俊生三身，三身生義均，義均

是始爲巧倕，是始作下民百巧。后稷是播百穀。稷之孫曰叔均，是始作牛耕。大比赤陰，是始爲國。禹、鯀是始布土，均定九州。

炎帝之妻，赤水之子聽訞生炎居，炎居生節竝，節竝生戲器，戲器生祝融，祝融降處于江水，生共工，共工生術器，術器首方顛，是復土壤，以處江水。共工生后土，后土生噎鳴，噎鳴生歲十有二。

洪水滔天。鯀竊帝之息壤以堙洪水，不待帝命。帝令祝融殺鯀于羽郊。鯀復生禹。帝乃命禹卒布土以定九州。